Tiré à cent exemplaires numérotés.

N° 100

GUSTAVE & EDOUARD DELATTRE

LES SOUTERRAINS

DU

CHATEAU DE SELLES

A CAMBRAI

NOTES HISTORIQUES & DESSINS

Recueillis par feu Victor DELATTRE

Membre correspondant de la Société des Antiquaires de France

LILLE
IMPRIMERIE D. PRÉVOST
1892

Au moment où le déclassement de la place de Cambrai et son démantèlement vont amener la démolition des fortifications et probablement celle de l'antique château de Selles, le seul château féodal qui existât encore dans le nord de la France, nous avons pensé qu'il serait intéressant de publier les plans du château, de ses souterrains et les notes recueillies par feu M. Victor Delattre au sujet des curieux dessins qui s'y trouvent gravés.

C'est au cours de visites faites au château de Selles en la compagnie de M. Edmond Le Blant, de l'Académie des Inscriptions et Belles-Lettres, et sur les instances de cet illustre et savant épigraphiste, que M. Victor Delattre eut la pensée de publier les dessins des intéressantes et naïves sculptures que renferment les souterrains.

Pendant longtemps ce fut une occasion de correspondances suivies entre eux :

« Je crains vraiment, disait M. Le Blant, dans une lettre écrite à ce sujet, » de vous avoir donné beaucoup de peine et de souci. J'avais vu avec beaucoup d'intérêt » ce que vous avez bien voulu me montrer dans les souterrains du château et j'en » avais parlé autour de moi. Le seul point qui m'avait occupé au point de vue d'une » communication, c'étaient les trois gravures représentant la fleur de lys accrochée à une » potence. Quicherat et Longpérier en ayant désiré voir les empreintes, j'ai pris la » liberté de vous demander de vouloir bien m'en adresser avec une notice de vous » que je me propose de lire en votre nom à la Société des Antiquaires. Des estampages » en papier suffiront; s'ils ne réussissent pas faits à l'eau et à la brosse, prenez-les » seulement avec un papier que vous appliquerez sur la pierre et que vous frotterez » avec une cuiller d'étain; les creux ne se noirciront pas et ressortiront en blanc; » des moulages coûteraient un transport qui nous serait inutile; les empreintes en papier » suffiront largement....... »

Dans une autre lettre M. Le Blant témoigne sa grande satisfaction des moulages opérés :

« J'ai reçu avec bien de la reconnaissance le dessin.

» . . . . . Bravo pour tous vos surmoulages et tout ce qu'ils vous ont donné » de nouveau ; vous voyez qu'il faut être entêté et qu'alors on trouve sa récompense. » Préparez-nous sur tout cela un mémoire pour la Société des Antiquaires; qu'il soit » serré et sans épisodes étrangers à votre objet direct, et je suis persuadé que la » Société vous l'imprimera. Vous aurez abordé, le premier, une matière neuve et » inconnue. . . . . Je vous envoie une empreinte de la pièce de 1544; c'est notre ami » Robert qui m'a donné ce moyen (en frottis sur papier) qu'il emploie souvent.

» Veuillez agréer l'assurance de tout mon attachement.

M. Delattre venait alors de découvrir, nous dirons plus loin comment, la très curieuse inscription : *plus deul que joie*, accompagnée d'un dauphin couronné et d'un hibou, dessin que nous avons reproduit pl. 7, au-dessus de ces fleurs de lys à la potence qui intéressaient le monde savant.

Ce fut M. Kaltenheuzer, sculpteur parisien, alors chargé de l'ornementation décorative du nouvel Hôtel de Ville qui voulut bien, grâce à la permission fort aimablement accordée par le génie militaire, se charger d'exécuter les moulages nécessaires.

Presque tous sont actuellement encore conservés ; plusieurs toutefois ont été accidentellement brisés après la mort de M. Delattre, au moment de la dispersion de sa collection cambrésienne. Heureusement nous avons pu constater que les pièces détruites reproduisaient des dessins déjà publiés par M. Bouly de Lesdain dans son ouvrage sur *les Souterrains de Cambrai.*

Nous avons exécuté des croquis d'après les moulages qui subsistent, et nous les présentons sans aucune prétention de notre part, en nous aidant des indications laissées par M. Delattre. Inutile de dire que ce travail eût été tout autre si le regretté savant avait pu conduire lui-même et achever cette œuvre qu'il avait en projet depuis longtemps.

Nous considérons comme un devoir de piété filiale de réunir ici pour nous-mêmes et pour les savants qui voulaient bien l'honorer de leur amitié les documents qu'il avait recueillis.

Ces notes et ces dessins nous seront un souvenir de la vieille forteresse qui joua un si grand rôle dans l'histoire de la cité, et tout ne sera point perdu.

Les plans sont dus à l'obligeance de M. Guillaume, membre de l'Institut, architecte des Palais nationaux, qui fut avec M. Renaut, de Paris, l'édificateur de l'Hôtel de Ville actuel de Cambrai. Ils sont à l'échelle de 0,005 p. I^{m}.

Halluin, juillet 1892.

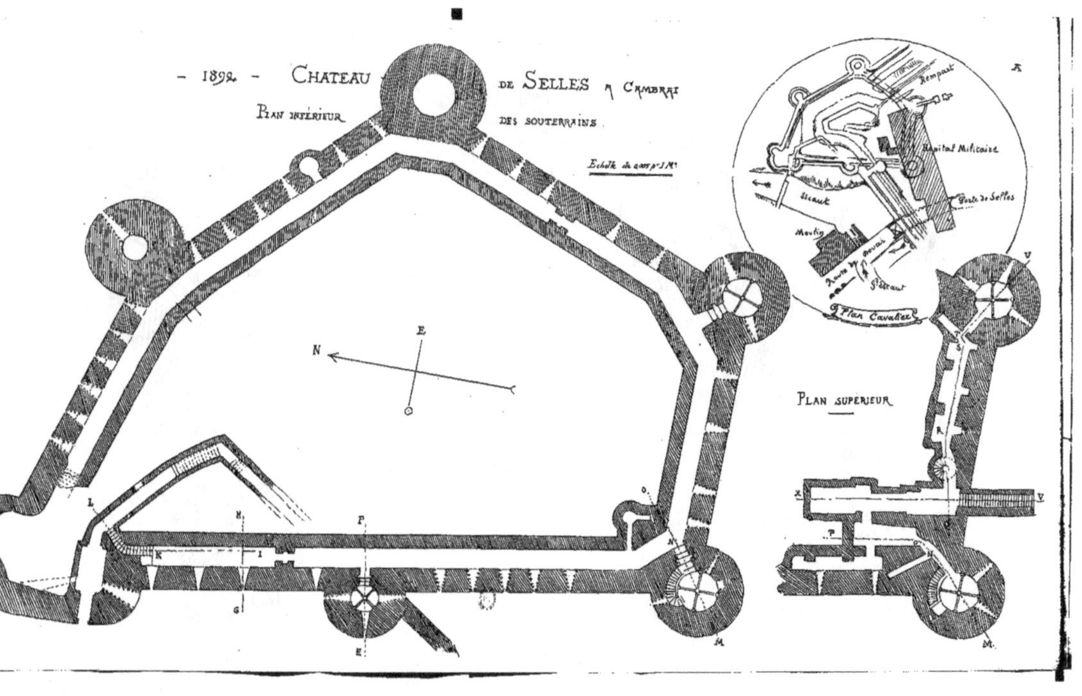

- 1892 - CHATEAU DE SELLES A CAMBRAI
PLAN INTÉRIEUR DES SOUTERRAINS
PLAN SUPÉRIEUR
Plan Cavalier
Rempart
Hôpital Militaire
Porte de Selles
Escaut
Moulin
Route de Douai

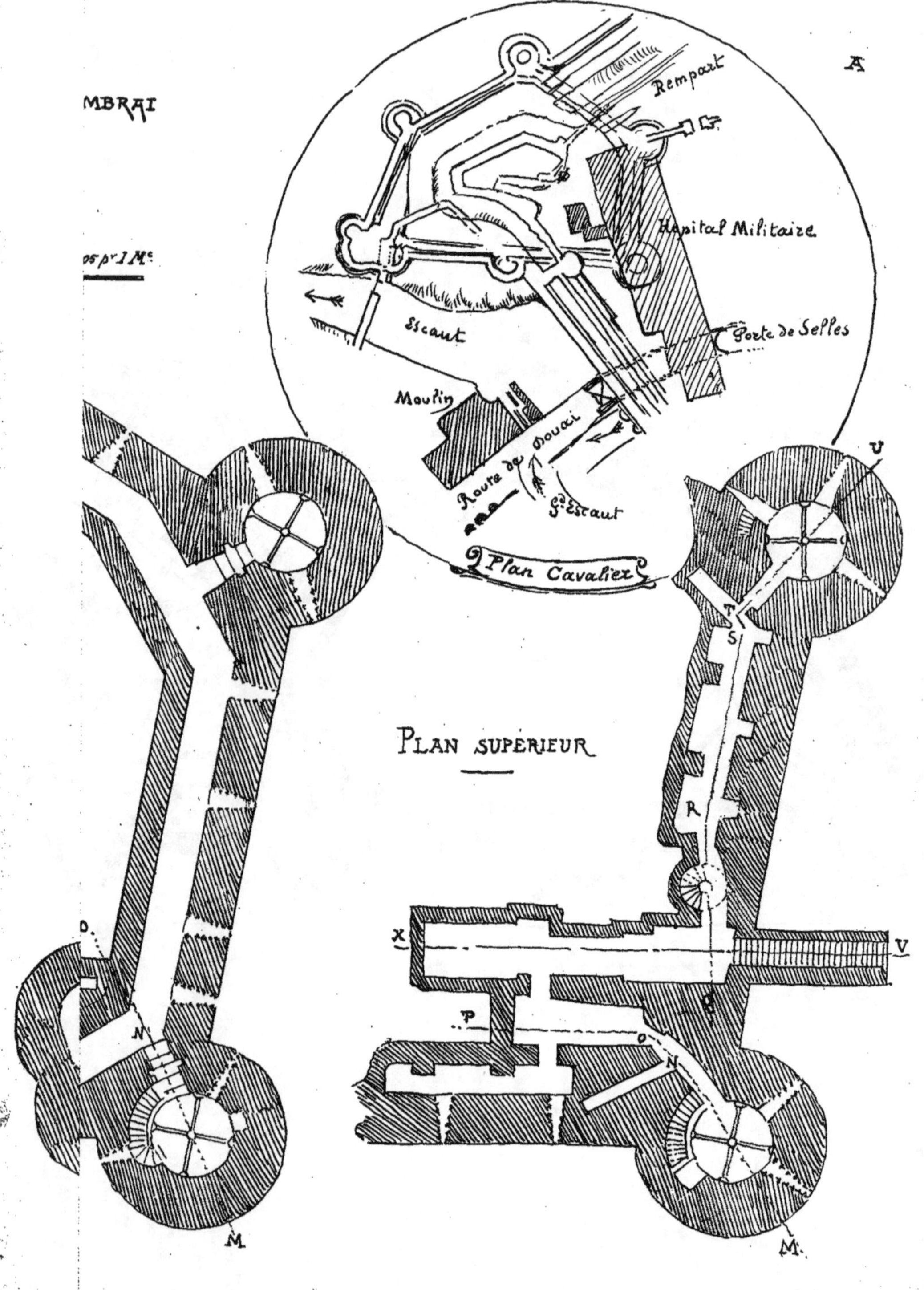
A
MBRAI
Rempart
Hôpital Militaire
Escaut
Porte de Selles
Moulin
Route de Douai
Gd Escaut
Plan Cavalier
PLAN SUPÉRIEUR
U
T
S
R
X
V
P
O
N
M
D

LE CHATEAU DE SELLES

Le château de Selles, muni encore aujourd'hui de cinq fortés tours, se trouve placé au nord de la ligne de fortifications qui entoure Cambrai. A ses pieds passe la grand'route de Cambrai à Douai, route qui circule, à son entrée en ville, sous un épais massif de remparts qui sont venus s'adjoindre à l'ancien château ; mais, contrairement à ce que l'on pourrait penser, la porte de Selles est complètement reprise en dehors du périmètre véritable de la forteresse.

Les bâtiments actuels qui servent d'hôpital militaire sont, pour une bonne partie, en dehors de la construction primitive, ainsi que l'on pourra s'en convaincre par les plans joints à la présente notice.

A l'extérieur, l'appareil de construction des tours et des courtines en grès et briques donne un caractère particulièrement sévère à l'ensemble de ce travail guerrier, qui, du côté de l'est et du nord-ouest, se trouve parfaitement relié aux murs de défense de la place, et paraît, au premier abord, ne plus faire qu'un avec eux.

Cependant la forteresse autrefois était distincte, isolée. L'aspect était bien loin d'en être ce qu'il est de nos jours, car de l'intérieur de la ville on ne peut guère se rendre compte de son caractère et de son importance. Les eaux de l'Escaut l'entouraient de toutes parts alors. Les roseaux croissaient abondants au pied des tours; un large fossé la séparait de la ville.

Notre intention n'est pas de refaire ici l'histoire du château de Selles; on la trouve écrite dans une très intéressante brochure publiée en 1842 par M. Fidèle Delcroix (4e livraison du t. III des archives du Nord). Le *Dictionnaire historique de Cambrai*, de M. Bouly de Lesdain, donne aussi tous les détails désirables sur la forteresse cambraisienne.

Rectifiant les dires de Julien de Lingne, le savant historien rappelle, d'après Adam Gélicq, que ce fut l'évêque-comte de Cambrai, Nicolas de Fontaines, qui, réédifiant le château de Selles, le mit sur un bon pied de défense et en fit, pour ainsi dire, la véritable citadelle de la ville (1270) (1).

M. Bouly note ensuite successivement tous les faits de guerre dans lesquels il figure.

Nous croyons nécessaire, dans l'intérêt des recherches, de consigner rapidement en un tableau les dates principales à retenir et que les historiens nous fournissent.

---

(1) C'était si bien la citadelle de Cambrai, qu'en 1543, lorsque Charles-Quint songea à en faire une autre sur le mont des Bœufs, il commença par s'emparer des clefs du château de Selles, en attendant que la forteresse du mont des Bœufs fût élevée. — Ms 3 *bis*, p. 123, cité par Bouly.

QUELQUES DATES RELATIVES A L'HISTOIRE

DU

CHATEAU DE SELLES

955. — Siège de Cambrai par les Hongrois. A la suite d'une sortie heureuse, le chef ennemi est tué et sa tête coupée figure en sanglant trophée au-dessus de la porte Saint-Jean ou de Selles.

1099-1102. — Prise du château de Selles par Robert le Frison, comte de Flandre, qui l'abandonne bientôt après par suite de discorde et de querelles entre ses troupes.

1270. — Réédification et restauration complète du château par l'évêque-comte Nicolas de Fontaines, qui en fait la véritable citadelle de Cambrai.

1297 (environ). — Sous Gui de Collemède, lors d'une insurrection, le *populaire* s'empare momentanément du château de Selles.

1313. — Emeute sérieuse sous Pierre de Mirepoix. Le peuple devient maître du château de Selles où l'évêque entretenait une garnison qui devait servir au maintien de son autorité. Il avait au préalable pillé le palais épiscopal et massacré plusieurs personnages. Pierre de Mirepoix, ayant en vain jeté l'interdit sur la ville, eut recours à un autre moyen : il menaça d'implorer le secours des princes voisins. Sous cette menace, les rebelles se soumirent le 21 mai, après avoir été près de deux mois maîtres de la ville et du château.

On dressa au pied du château de Selles un acte notarié par lequel le prévôt et les échevins de Cambrai reconnurent remettre entre les mains de l'arbitre choisi par l'évêque les clefs du château que les habitants de la ville avaient occupé quelque temps *afin de pouvoir se défendre contre leurs ennemis* (Mém. pour l'archev., p. 71 et 327).

(Voir pl. 6, quelques dessins qui nous paraissent remonter au XIVe siècle).

Chaque famille dut payer par année six deniers parisis pour *l'entretien du château de Selles et de la garnison,* droit qui fut plus tard racheté moyennant quinze cents livres payables à Watier, seigneur de Bousies, préposé par Pierre de Mirepoix à la garde de la forteresse, en reconnaissance de ses services, plus soixante livres tournois de rente annuelle, en faveur des évêques, pour dédommagement du droit seigneurial (1).

1388 (environ). — Baudouin, seigneur de Bousies, est remis aux mains du châtelain de Selles ; il est accusé d'avoir dirigé une expédition de pillards.

1398. — L'illustre évêque Pierre d'Ailly, nommé au siège de Cambrai par le Pape Benoît XIII, brave les menaces du duc de Bourgogne, et, pour prendre possession de son siège, se rend sans escorte, de l'abbaye de Cantimpré au château de Selles. C'est du château de Selles que l'évêque signifie sa volonté d'obéir aux ordres du Saint-Siège ; c'est de là qu'il se dirige vers la porte Saint-Ladre, par laquelle il était d'usage que les évêques fissent leur entrée.

1400. — Sous son épiscopat a lieu un grand procès relatif au change des monnaies exploité frauduleusement et aux dépens du pauvre par une femme nommée Marie du Cavech et son frère Gérard, qui sont enfermés dans les prisons de l'*officialité* au château de Selles.

1411. — Guillaume de Hildernissem, chef de la secte des hérétiques dits « *les hommes d'intelligence* », fait abjuration dans les mains de Pierre d'Ailly ; il se soumet à une pénitence qu'il devait subir pendant trois ans dans le château de Selles, ou bien durant un temps illimité dans un couvent de Carmes, hors du diocèse de Cambrai.

(Les armes de Pierre d'Ailly figurent dans les souterrains du château, voyez pl. 8.)

(1) Dans la remarquable trouvaille de 70 chartes relatives à l'église métropolitaine de Cambrai, faite par M. V. Delattre en 1856, se trouvait entre autres : La procuration donnée par Pierre de Mirepoix à Ferri de Pykegni, chevalier, « *pour juger les habitants de Cambrai qui s'étaient révoltés contre leur évêque, comte de Cambrésis* ». Original muni des sceaux de l'évêque et du chapitre.

1435. — Les capitaines particuliers, châtelains ou gouverneurs du château de Selles dépendaient du grand châtelain seigneur de Crèvecœur, vicomte de Cambrai, chef des armes et de la justice.

Par héritage, cette vicomtée tomba dans la famille des sires de Coucy, qui la cédèrent aux comtes de Flandre. La maison Dampierre-Flandre la céda au roi de France, de qui dépendent dès lors, au XIVe siècle, les châtelains de Selles. En 1435, par suite du traité d'Arras, la vicomtée de Cambrai passe à la maison de Bourgogne ; les châtelains du château de Selles sont à la nomination des ducs de Bourgogne.

1463. — Louis XI opère le retrait, conformément à la paix d'Arras, et des conflits naissent qui amèneront bientôt la prise de Cambrai par le roi.

1476 ou **1477**. — Louis XI, grâce aux intrigues de Maraffin, son agent secret qui s'était rendu maître du château de Selles, entre à Cambrai, où il lève un emprunt forcé de 40,000 écus d'or. Il laisse garnison au château de Selles qu'il prend soin de faire fortifier « *à l'encontre de la ville* », et des otages sont demandés en garantie de la rançon ; la plupart meurent en prison.

Le sieur de Ludes, autre lieutenant du roi de France, fait saisir et transporter au château de Selles l'artillerie cambrésienne.

Les exactions de ces lieutenants de Louis XI sont restées légendaires : les échafauds, les potences sont dressés partout ; c'est un régime de terreur.

(Voir aux pl. 1, 4 et 7 les souvenirs probables de cette époque aux souterrains de Selles.)

1478. — Le peuple se révolte, et, avec l'aide de troupes de Maximilien d'Autriche, amène les Français à composition. Il est convenu que la garnison sera moitié bourguignonne, moitié française.

1479. — Cela dura dix mois environ, car par suite d'un coup de main, les Bourguignons redeviennent maîtres de la forteresse, ouvrent les portes à une garnison de deux cents lances de leur parti qui arrivent de Douai se joindre à eux ; les Français sont emprisonnés et renvoyés en France par de Fouquesolles, gouverneur bourguignon, resté seul maître.

(M. de Barante, hist. des ducs de Bourgogne, t. 12, p. 56, cite plusieurs circonstances de la prise du château de Selles.)

1530 (environ). — Sous l'épiscopat de Robert de Croy, une belle tour en briques est élevée sur le château de Selles pour y faire le guet. Il y avait alors de constantes alertes en raison de la guerre que se faisaient dans le pays l'empereur et le roi de France ; la neutralité de Cambrai était en continuel péril d'être violée.

1543. — Au mépris de la foi jurée, et profitant de l'armistice conclu à la trêve de Bomy, Charles-Quint qui, traversait la France pour se rendre à Gand, arriva dans Cambrai accompagné du Dauphin et de son frère le duc d'Orléans. Il bâtit la citadelle sur le mont des Bœufs et en attendant se fait remettre les clefs du château de Selles.

(Quelques dessins des souterrains, entr'autres l'inscription : *Roma caput mundi*, et le vestige de scène qui l'accompagne, nous paraissent se rapporter à cette époque, pl. 8).

1567. — Les troubles occasionnés par la Réforme se font sentir à Cambrai, Valenciennes et villes avoisinantes. Des hérétiques sont enfermés au château de Selles ; l'un d'eux est exécuté le 7 avril 1567 à quatre heures du matin ; « il fust enterré sur ledit chasteau ». (M. 3 bis, p. 189, cité par Bouly.)

1578. — Le roi Henri III cède au seigneur de Saint-Luc ses droits à la vicomtée de Cambrai ; ils sont rachetés en 1613 par le seigneur d'Abancourt (Jacques d'Anneux), héritier lui-même des prétentions de la maison de Bourgogne.

1580. — Trahison de Bouchain ; soldats de Douai prisonniers emmenés à Cambrai.

1595. — Au siège de cette année, par le comte de Fuentès, lorsque les habitants de Cambrai, lassés de l'usurpation de Balagny, retournèrent avec joie sous la domination espagnole, le château de Selles subit de grands dommages. Les assiégés eux-mêmes suppriment la tour de Robert de Croy, qui servait de point de mire aux assiégeants. C'est le seul siège de Cambrai pendant lequel il soit expressément fait mention du château de Selles, bien qu'il ait dû jouer un rôle actif dans la défense, au **XVIIe** siècle.

XVIIIe siècle. — Les états de Cambrésis démolissent les constructions supérieures pour élever des magasins à usage de manutention militaire.

1813. — Les bâtiments sont appropriés à l'usage d'hôpital militaire. Actuellement ils ont encore cette même destination.

LES SOUTERRAINS DU CHATEAU

Arrivant de la route de Douai, aussitôt après avoir dépassé les moulins de Selles et avant de s'engager sous la longue voûte qui donne accès dans l'intérieur de la ville, il est aisé de jeter à gauche un coup d'œil sur les vieilles tours grises de l'antique château et sur la courtine de grès qui les relie entre elles et baigne son pied dans les eaux de l'Escaut. On se fait tout de suite une idée de la double disposition des souterrains superposés, car les longues et étroites barbacanes qu'on y remarque sont les ouvertures mêmes des souterrains.

On se rend parfaitement compte de l'existence des deux étages de galerie.

Dans les tours sont les salles rondes, de diamètre assez restreint, car les murailles du fort sont extrêmement épaisses.

Notons que la remarque de cette exiguïté des chambres, même au point de vue de l'habitation, a été fréquemment faite au sujet des châteaux forts féodaux. (Chéruel., Dict. des instit. de la France.)

Deux de ces chambres superposées l'une à l'autre ont 3 mètres 76 cent. de diamètre ; une troisième, située dans une autre tour, n'a que 2 mètres 62 cent. Celle-là n'a plus d'étage accessible.

« Les galeries, construites en pierre blanche, sont voûtées en plein cintre. Les petites chambres des tours sont également voûtées de pierre et en plein cintre. Une nervure en croix consolide ces espèces de dômes et repose sur quatre corbeaux ou consoles en grès.

» L'on communique d'un étage à l'autre par un escalier en caracol, latéral aux chambres de la grosse tour, dans lesquelles il aboutit. Mais d'autres issues, indépendantes de la tour, facilitent l'accès de l'un ou de l'autre étage, sans que l'on soit forcé de traverser l'escalier dont il vient d'être question.

» Les cellules et galeries ici mentionnées forment la seule partie remarquable des souterrains du château de Selles. A ces galeries voûtées en pierre blanche et en plein cintre aboutissent, à peu près à angle droit, d'autres voies souterraines qui, maintenant obstruées par des décombres et interceptées par des murailles, circulaient jadis sous la sombre forteresse. Car ce monument militaire n'était, à vrai dire, qu'un énorme souterrain replié, et, qu'on nous passe l'expression, entortillé sur lui-même.

» Des issues donnaient sous la porte sombre, armée de herses et de ponts-levis. Mais tout cela ayant été rendu inaccessible par les ravages du temps ou par des travaux postérieurs, on ne peut s'occuper que des souterrains qui longent la façade du château du côté de l'Escaut et de celui qui a son accès dans la cave même de l'hôpital militaire. »

« Il est bien évident, ajoute M. Bouly, que les chambres du château de Selles ont été employées à usage de prison. Les triples rangs de barreaux de fer que l'on a scellés dans les longues ouvertures des barbacanes, les gonds qui restent encore et la trace des verrous, prouvent suffisamment les soins que l'on a pris pour fermer

— 1892 — CHATEAU DE SELLES A CAMBRAI

COUPES A 0,005 p^r 1 M^e

COUPE SUIVANT IKL

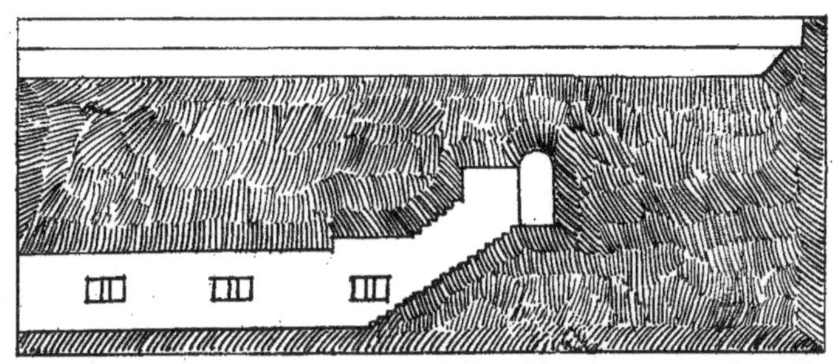

COUPE SUIVANT QRSTU

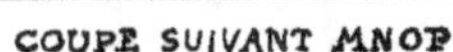

COUPE SUIVANT EF

COUPE SUIVANT MNOP

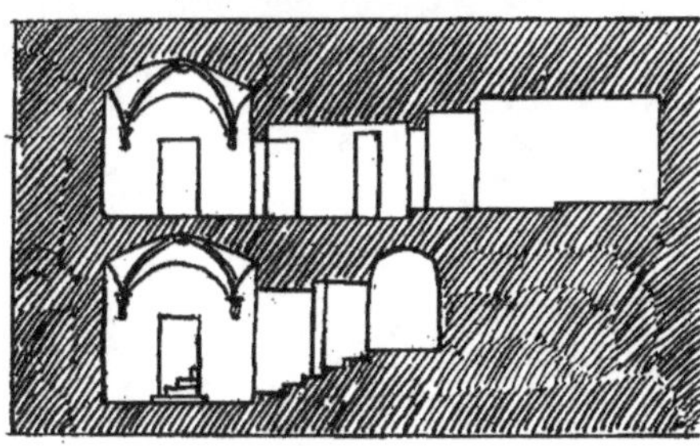

COUPE SUIVANT GH

COUPE SUIVANT VX.

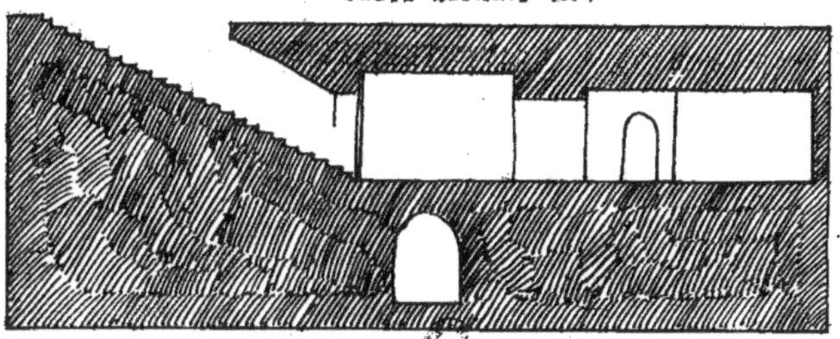

solidement ces cellules militaires... Cette destination particulière paraît surtout prouvée par les nombreuses figures gravées dans les parois des cellules. On y retrouve presque toujours une pensée de guerre mêlée à la pensée religieuse ; ce qui du reste est bien dans le caractère du temps.

» C'est un sujet d'études et de méditation fort piquant que ce singulier livre écrit dans la pierre en figures et en signes graphiques. Pas un endroit où le jour jette un peu de clarté n'a été oublié. Des surfaces d'une assez grande étendue sont ainsi couvertes d'images sculptées au couteau... Plus d'une histoire est écrite dans les lignes serrées qui courent au travers des emblèmes et des images de ces tapisseries de pierre. »

M. Bouly estime donc, d'après la nature des inscriptions et des sculptures, que les prisonniers militaires furent en plus grand nombre encore, au château de Selles, que les détenus civils ou ecclésiastiques.

Quoi qu'il en soit, dans les galeries de courtine, dans les couloirs, les hommes d'armes ont aussi laissé des souvenirs graphiques de leurs veillées et de leurs heures de garde ; nous les examinerons à leur tour.

Déjà au XVIe siècle les souterrains du château de Selles étaient connus sous cette dénomination.

Le répertoire de l'échevin de Baralle rapporte qu'en 1582 MM. du Magistrat se les réservèrent pour en faire des prisons, et que Cornil Willemot y fut établi gardien.

On les trouve aussi dès le commencement du XVe siècle servant de prison à l'*Officialité* (1).

En l'absence de tout plan militaire et de toute description de l'époque, on penserait que l'examen des registres de ce tribunal aurait pu fournir quelque détail positif et précis, quelque document sur la configuration et la topographie des salles diverses de la forteresse à ce moment. Il n'en est rien malheureusement. En les parcourant on n'y rencontre même pas de renseignements spéciaux sur le genre de détention que l'on y subissait.

Les registres de l'*officialité* conservés au dépôt des Archives de Lille sont au nombre de quarante à cinquante. Les plus anciens datent des années 1438-1452.

Tous sont écrits en latin.

Sur les marges, en face des arrêts rendus on a parfois tracé des dessins dans le genre de ceux que nous reproduisons (pl. 1, fig. 1).

Ce sont des représentations grossières de châteaux et de prisons, mais on ne saurait y voir la figuration documentaire et réelle de cachots ou d'instruments de supplice.

A un seul endroit on pourrait croire qu'il y a un prisonnier dans un fourneau où on le brûle, et dans le texte il n'est en aucune manière question de supplice.

En lisant ces pages, on trouve dans toutes les sentences les mêmes mots reproduits presque toujours textuellement.

Ce sont ordinairement des condamnations prononcées contre des laïcs pour faits de séduction d'une jeune fille en violation d'une promesse de mariage, faits d'adultère,

(1) L'*Official de l'archevêché de Cambrai* exerçait deux sortes de juridiction : l'une ecclésiastique ordinaire et l'autre civile. Comme juge ecclésiastique, il avait le droit de connaitre de toutes les affaires, qui, dans les autres diocèses, appartenaient également aux officiaux; comme juge civil, il pouvait connaître de toutes les affaires en matières personnelles dans la ville de Cambray, dans le pays du Cambresis et dans la ville du Cateau-Cambrésis, où il était permis aux habitants de se pourvoir en action personnelle, ou pardevant le Magistrat, ou pardevant l'official. Quand l'Official jugeait en matière civile, il était obligé d'en faire mention dans ses jugements, et alors les appellations en étaient portées au Parlement de Douay; au lieu que lorsqu'il jugeait en matière ecclésiastique, l'appel de ses jugements se devait relever pardevant le juge supérieur ecclésiastique qui était le Pape. (Voir le mot *Justice*, dans le Dict. Hist. de Cambrai, de Bouly. Il y avait à Cambrai neuf juridictions ou sièges de justice indépendants les uns des autres.)

de bigamie, ou pour des cas beaucoup plus rares, fautes commises contre la discipline ecclésiastique par des clercs.

Voici la formule : N...., notre justiciable, *détenu dans le château de Selles.....* est condamné à passer trois ans (quelquefois le reste de sa vie) au fond de la fosse du château (*in fundo fossæ castri de Sellis*), à y manger le pain de douleur et à boire l'eau de tristesse.

Les sentences sont identiques au xve et au xvie siècle.

Il ne pourrait y avoir quelque chose de plus à ce sujet que dans les comptes des dépenses de l'*officialité* relatives au château de Selles, mais nous ne croyons pas que ces comptes soient conservés.

Toutefois, une remarque est à faire, c'est que, en parcourant les registres on peut noter la distinction entre les souterrains inférieurs *(fundum fossæ)*, les voûtes (*in arquatis*), et les tours *(in quâdam turri ejusdem castri)*.

En 1445, Jean Houdon de Cambrai, clerc (marié), pour coups portés à son beau-frère, est condamné à six mois de détention sous les voûtes *(in arquatis)* du château.

En 1446, Béatrix Tsroders de Acrinea est condamnée comme sorcière à être enfermée durant trois ans dans une tour du château de Selles, sans rapports avec aucune autre personne *(in quadam turri ejusdem castri, ab aliorum consortio personarum segregata per spatium trium annorum pane duntaxat et aqua pro primo, pro reliquis autem duobus annis quibus potuerit et voluerit alimentis, vino tamen et carnibus exceptis sustentanda)*.

Dans une sentence de 1452, datée du samedi avant les Cendres, et relative à un certain Jean de Rotar (Johannes de Rotario), détenu, il est dit que, par suite d'indulgence, les juges le condamnent : *non ad fundum fossæ sed adstandum per triennium continuum ab hac die computandum* IN ARQUATIS *prædicti castri (de Sellis), pane duntaxat et aqua pro primo, pro duobus autem sequentibus annis hiis quibus voluerit et potuerit alimentis, vino et carnibus exceptis sustentandum.*

Chaque étage, chaque voûte et chaque tour avait ainsi son appropriation en vue de l'expiation de telle ou telle peine.

L'examen des signes graphiques conservés sur la pierre de ces souterrains offre donc quelque intérêt pour l'histoire du pays, et M. Victor Delattre l'avait si bien compris qu'il fit prendre les moulages, non seulement des bas-reliefs et des sculptures, mais encore l'empreinte des simples traits, de ces *Graffiti*, comme disent les Italiens, à peine visibles pour un œil distrait et qui révèlent parfois aux chercheurs et aux épigraphistes des choses fort intéressantes.

Nous avons dessiné la plupart de ces divers *Graffites* aussi soigneusement qu'il nous a été possible, bien que le procédé du report sur pierre donne une dureté générale du trait qui ne se prête pas à faire suffisamment sentir les différences entre les entailles profondément creusées et celles qui n'ont été que légèrement poussées à fleur de surface.

Le dommage est toutefois moins grand que s'il s'était agi de véritables œuvres d'art.

Disons aussi que malgré nos désirs nous n'avons pu réaliser le souhaitable projet d'une unité relative de dimensions et proportions pour nos dessins. Les uns seront petits et sommaires, d'autres paraîtront plus travaillés et davantage *poussés*, c'est qu'ils nous auront paru mériter d'être mis davantage en évidence.

La difficulté était de grouper autant que possible sur une page les dessins dont le texte faisait la description. De là des différences sensibles à l'œil, mais dont il ne faudra pas tenir compte.

A moins d'indications contraires de notre part on peut s'imaginer que ces sculptures ont en général la hauteur de 15 à 20 c. et qu'ils sont pris dans la largeur d'une pierre ordinaire de construction, c'est-à-dire environ 30 centimètres.

PL. 1

Seuls quelques sujets tels que : le Saint-Michel, le Hallebardier et un ou deux autres dépassent notablement ces dimensions.

De façon à rendre notre travail aussi complet que possible nous reproduisons à la fin de la notice et sur une planche spéciale (pl. 10) deux dessins déjà publiés par M. Bouly et dont nous n'avons plus les moulages sous les yeux pour les raisons que nous avons précédemment expliquées. Nous y avons ajouté sous la fig. 3, le croquis d'un grand bas relief d'après un dessin trouvé dans les notes de M. V. Delattre. Nous ne savons à quelle tour l'attribuer exactement.

On notera que le Saint-Michel rappelle beaucoup la belle sculpture du xvᵉ siècle qui figurait dans la collection V. Delattre et fut acquise lors de la vente par M. Maillé du Boulay. C'était un des beaux spécimens de la sculpture de l'époque des ducs de Bourgogne.

ÉTAGE SUPÉRIEUR

On descend dans le 1ᵉʳ étage des souterrains du château de Selles par un large escalier d'une seule rampe dont l'entrée se trouve dans la cave de l'Hôpital Militaire actuel. Arrivé au bas, on pénètre dans un couloir qui oblique à gauche et mène dans la tour gauche. Là se déroule un autre escalier en spirale intercepté dans sa partie supérieure, mais servant de communication avec l'étage inférieur.

TOUR GAUCHE

La voûte est décorée de deux nervures d'arêtes, posant à la retombée sur une console en grès. Cette salle, dont le diamètre intérieur est de 3ᵐ 76, était jadis éclairée par deux meurtrières dont l'une regardait le sud et l'autre le sud-est. Elles sont actuellement bouchées.

Voici les principales inscriptions dont le moulage a été pris :

A droite de l'escalier : Un moulin grossièrement dessiné en creux et à sa droite une maisonnette.

Une moulin mieux fait et portant la date 15-28 (pl. 1, fig. 6).

La date 1533 et plus bas, écrit sur deux lignes : SIULIN SOLDAT.

Une potence contre laquelle est appuyée une échelle et à laquelle est pendu un personnage vêtu d'une longue robe (pl. 1, fig. 8).

A DROITE DANS LA TOUR

1ʳᵉ ligne. — GILLARD CLAVDE, écrit en caractères très irréguliers le D de Claude ayant été oublié dans le mot, on le grava au-dessus; on peut lire aussi CLAVO.

2ᵐᵉ ligne. — Un écusson portant des cantons; le tout est effacé.

Un écusson surmonté d'une espèce de couronne murale et portant les initiales IRY; reproduit pl. 1, fig. 7. — Un écusson mutilé.

Un écu surmonté de l'inscription JEHAN MARTIN (pl. 1, fig. 5).

3ᵐᵉ ligne. — Deux anges en relief soutiennent une banderolle portant le nom de PICAR ou PICAV.

Ecu aux 4 cantons portant des fleurs (pl. 1, fig. 3).

Deux lettres majuscules A ; sous la première se trouve un écu sur lequel est gravé un gibet (pl. 1, fig. 10).

4e ligne. — Deux écussons armoriés surmontés d'une couronne; celui de droite porte une fleur de lys (pl. 1, fig. 4). (1).

Une oie couronnée, gravée en relief.

Plus loin c'est une représentation de l'amour, sous des formes originales, mais vulgaires : un trait lancé d'une tour sur un cœur ; une couleuvrine surmontée d'un cœur tirant sur la tour.

A la 5e ligne nous voyons un personnage à genoux gravé en relief; puis un personnage qui vénère une Madone. — Dans une niche, est représentée en relief une vierge tenant l'enfant Jésus; à sa gauche, un autel surmonté du saint ciboire. Cette naïve et touchante représentation de la Mère de Dieu rappelle bien la foi ardente des siècles passés.

Une vierge-mère et à côté un personnage à genoux.

Ecu armorié mutilé et à côté une fleur de lys au naturel.

Sur la 6e ligne nous remarquons un animal fantastique mettant le feu à une couleuvrine (pl. 1, fig. 9).

Une famille de quatre personnes : la mère, un fils et deux filles auprès d'un christ en croix.

Un animal en relief, mais bien mutilé ; les pieds de devant qui seuls son intacts font supposer que c'était un cheval.

Si nos souvenirs sont bien exacts, c'est dans cette tour, à droite en entrant que se trouve la grande scène en dix-huit tableaux, rangés sur sept lignes horizontales, représentant d'une façon naïve le drame sanglant de *la Passion* du Sauveur. Bien des hypothèses ont été données rélativement à cette série de bas reliefs; les gens distraits n'y ont vu qu'une simple procession; d'autres ont hasardé le mot d'*Inquisition;* nous croyons avec M. Bouly que c'est un chemin de Croix ou apparaissent sous nos yeux l'agonie de J.-C. dans la grotte du jardin des Olives, Judas devant les princes des prêtres, la flagellation et la mort sur la Croix, au pied de laquelle on aperçoit l'apôtre Jean et Marie la mère du Sauveur. (Pl. 2).

Ce qui trompe parfois dans ce genre de sujets, c'est que l'on néglige de se reporter par comparaison à l'iconographie générale du temps. Il est bien certain que dans les figurations de *La Passion* du Sauveur, contemporaines, au Moyen-Age, du bas-relief que nous étudions, on voit le Christ placé dans la position que notre sculpteur lui donne ici.

Un manuscrit de la Bibl. de Cambrai (n° 180, *Missale Cameracense*, pl. 14), représente le Christ un glaive à l'oreille, un rameau à l'autre.

Une remarque encore relative à cette scène :

Sur la droite de la *2e ligne,* figure une longue inscription gothique effacée; on n'y voit plus que quelques lettres et dans le haut la date 1544.

A gauche, en entrant dans la tour se voient deux écussons armoriés surmontés de deux lignes gravées où on lit facilement le mot « Sanecourct ». (Pl. 1, fig. 2).

TOUR DROITE

Un peu moins large que la précédente, la salle de la tour droite mesure 3 m. 55 de diamètre.

(1) Dans les notes laissées par M. Delattre, il est dit que les armoiries des divers personnages dont le nom fut mêlé à l'histoire du château de Selles se retrouvent gravées dans les souterrains. Malheureusement nous n'avons point comme le regretté savant, la connaissance parfaite du nobiliaire du Cambrésis, et ne pouvons toujours compléter avec précision ses indications pourtant formelles. Nous donnerons plus loin dans une note la liste des gouverneurs du château avec la description de leurs armoiries; cela facilitera les recherches et permettra de rétablir plus tard ce qui aura été oublié ou passé involontairement par nous sous silence.

Pl. 2.

Pl. 2.

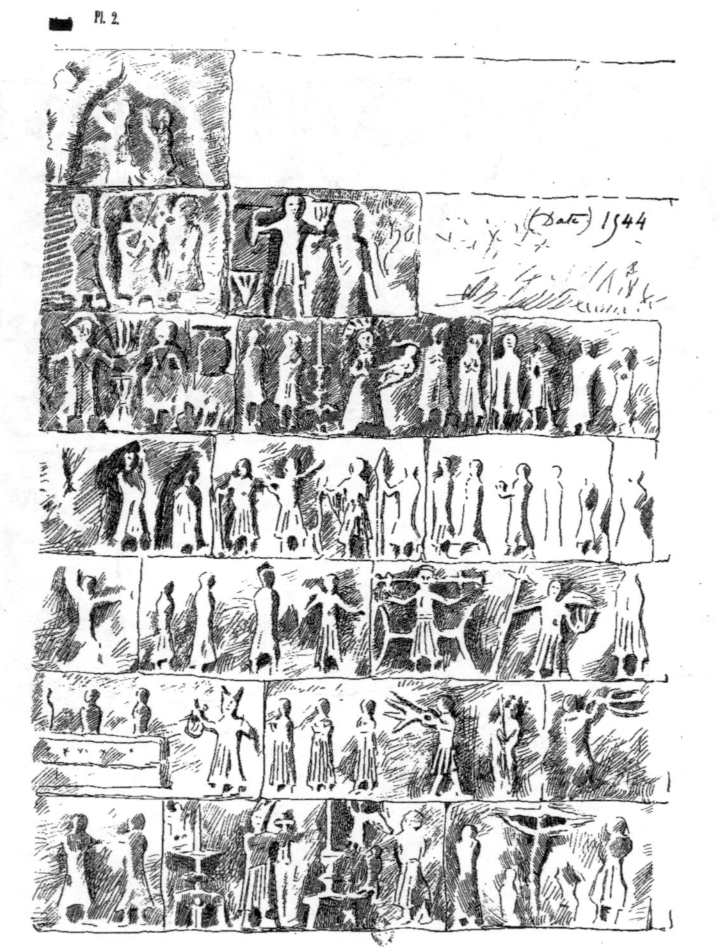

PL.3.

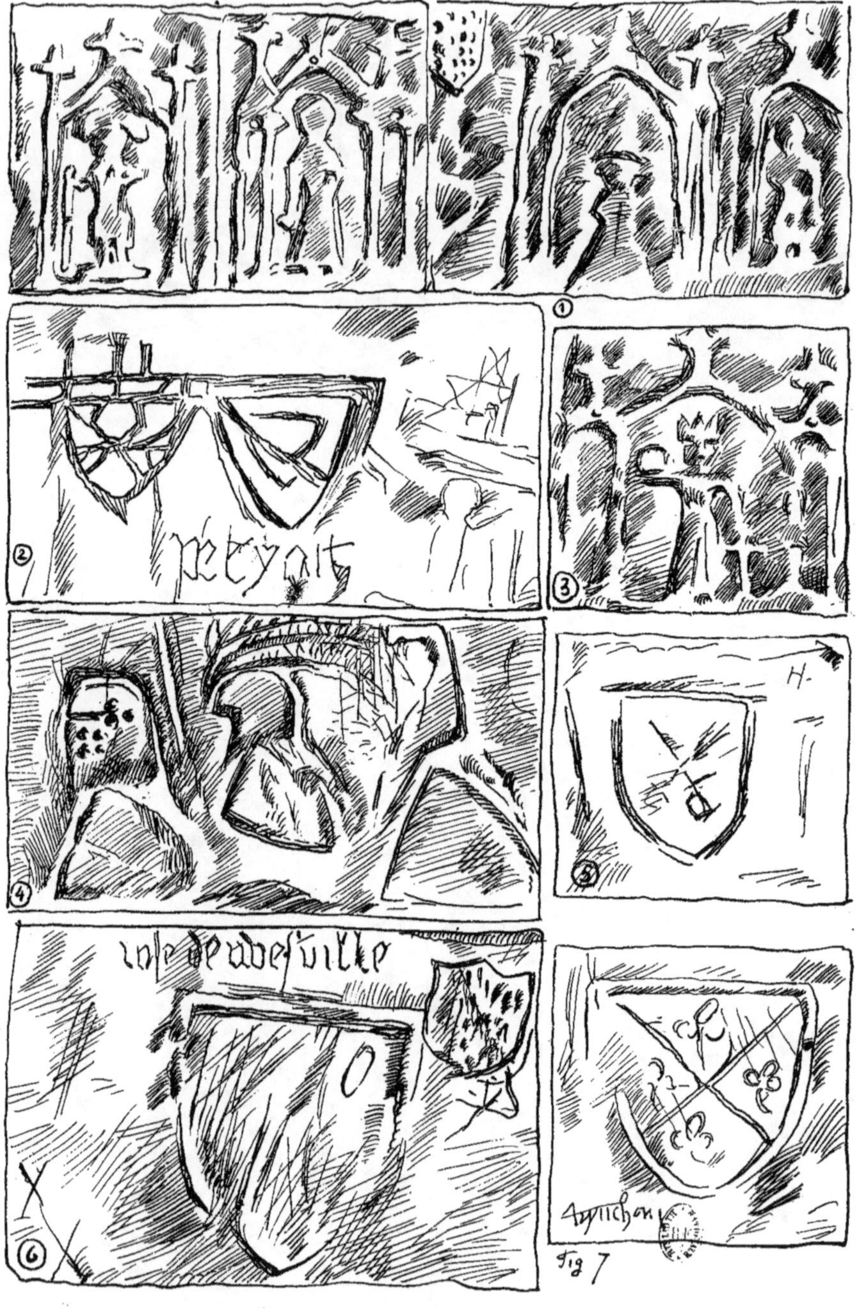

Fig 7

Avant d'y parvenir, on rencontre un petit escalier tournant, construit en pierres sur noyau et qui indique l'ancienne communication avec les tours. Trois berceaux se commandent les uns aux autres, une galerie de quelques mètres de long, et au bout une baie de 1 mètre 60 centimètres de hauteur, sur 0,95 de largeur, qui donne entrée à cette chambre de droite, dont la voûte est du reste semblable comme construction à la tour gauche.

En face de la porte d'entrée, on remarque le monogramme du christ avec les trois clous de la passion accosté de deux croix :

✠ I H̄ S ✠

Au-dessus : HIEM. Le tout est du XVIe siècle. A côté on lit :

IOHANNES . EVPENTES . KRENNS . 1705.

Sous les deux derniers mots de l'inscription sont deux épées croisées et IHS.

COTÉ GAUCHE :

MIEGILL : VANoGAV 1705, écrit en lettres majuscules.

N'était la date de 1705 et le style indubitable des lettres, malgré les trois points de séparation entre les noms, on se reporterait au sieur Andrieu Le Miquiel qui fut, au XVe siècle, visiteur des œuvres et ouvrages (fortifications) de Cambrai. Une copie curieuse se trouvait dans la collection V. Delattre, relatant la recommandation faite par le duc de Bourgogne à ses chers et bien amés les Prévost et eschevins de la ville de Cambrai au sujet de ce personnage. Il était instamment présenté pour reprendre la succession de Gillot le Telier ou le Selier « qui fort débilité de sa personne ne pouvait plus bonnement vaquier à son office. »

Le nom de Gillot se retrouve gravé dans les couloirs de l'étage inférieur, en caractères de l'époque.

Indiquons encore les sculptures suivantes :

Ecusson armorié portant dans chaque canton une sorte de trilobe et signé *tranchan*. (Pl. 3, fig. 7).

JORGE CKP 1550, écrit sur deux lignes en gothique.

Ecu portant deux épées croisées, comme le blason des Labadie.

Drapeaux en sautoir, tête au milieu XVIe siècle. Non de loin de là, nous voyons trois casques moyen âge ; celui du milieu est orné d'un cimier à panaches. (Pl. 3, fig. 4). (Voir p. 131, t. 35 Antiquaires de France.)

Le doute n'est pas possible, nous sommes ici en face de la reproduction de casques du XIIIe dits *casques de saint Louis* ou *casques carrés*. Les trous pour la respiration, nettement indiqués dans ces reproductions, viennent s'aligner symétriquement, sur deux rangées parallèles aux fentes des œillères. C'est *le grand heaume, casque des Croisades*, tel que M. Demay l'a retrouvé sur les sceaux de cette époque. Toutefois pour donner plus de précision encore, notons que la forme légèrement ovoïde nous permet de reporter notre type vers 1273 ou 1289 au moment où le timbre du heaume, plat depuis les dernières années du XIIe siècle, commence à se rétrécir pour prendre cette forme, témoins les sceaux du fils aîné de saint Louis — de Robert, comte de Dreux — de Pierre, comte d'Alençon — de Robert, comte de Nevers et surtout de Hugues, comte de Saint-Pol (1289) avec lequel notre relief offre beaucoup de ressemblance.

Le casque à panache, ou plus exactement *à cimier*, reproduit dans notre dessin, est postérieur en date à celui que nous venons de décrire. On sait, en effet, que si l'on rencontre des cimiers sur les *heaumes des Croisades*, c'est fort rarement et seulement de loin en loin. La grande vogue des cimiers dura cent ans, pendant tout le XIVe siècle; elle commença avec le casque ovoïde pour ne se modérer, tout en continuant, qu'à l'apparition des visières mobiles.

La partie pleine que nous remarquons sous ces casques et qui affecte la forme d'un triangle, veut, à n'en pas douter, simuler le bouclier de chevalerie, l'*écu*, accompagnement obligé de l'ancien habillement de guerre, que l'on portait suspendu au cou par une courroie, la *guiche* et que l'on rejettait en marche sur l'épaule gauche.

Le fragment qui accompagne les dessins complets est l'ébauche d'un casque plus grand; le sculpteur, arrêté dans son œuvre, n'eût que le temps de terminer l'*écu*.

C'est la seule trace sérieuse de reproductions d'armures que nous notions. Ailleurs il semblerait parfois que l'on trouve l'ancien casque conique mais les entailles sont trop légères et les indications trop sommaires pour que l'on s'arrête bien longtemps à les analyser.

Sur la pierre voisine nous voyons gravée une sentinelle armée d'une hallebarde et coiffée d'un bonnet de fer pointu (?) Un personnage portant une palme et à droite une femme vêtue d'un voile et d'un long vêtement plissé.

Nous trouvons écrit en grands caractères grossièrement tracés le nom de TULTYT.

Deux écus accolés; à droite un Christ en croix. L'écusson de droite rappelle celui de Wavrin. En dessous : PETYOLT, en gothique. (Pl. 3, fig. 2).

Vierge mère au vêtement plissé.

Dans une niche gothique à trois compartiments, un saint porte au chef une couronne en pointes, à la romaine : la couronne de fer. Il tient en main vraisemblablement la boule du monde. Est-ce une figuration du pape? Est-ce une figuration de l'Empereur? La main gauche paraît se poser sur le bord d'un trône ou sur le pommeau d'une épée. (Pl. 3, fig. 3).

Dans cette même tour on remarque, du reste, une série de quelques petits bas-reliefs de la même époque et du même style. Ils n'ont guère que 0,15 centimètres de hauteur, mais tous sont intéressants par le détail des niches creusées avec soin autour du sujet central. Certaines de ces niches sont simples, d'autres sont à trois compartiments; les arcs d'ogives se terminent par des croix. Une scène de la passion très fruste mais fortement gravée en creux termine cette série. Quelques écussons indéchiffrables font partie de cette suite de pieuses effigies et séparent les compartiments.

Nous avons reproduit les mieux conservés dans le haut de notre pl. 3.

Très jolie rosace formée de quatre fleurs de lys reliées entre elles par des pétales. Composition décelant une main exercée d'ornemaniste; époque renaissance.

Une inscription : VANDERHON, ou : VAUDECHON.

Un écu surmonté de la très intéressante inscription IOSE DE NUEFVILLE. Tangeant au sommet de l'écu, un autre blason qui paraît être un champ d'hermines. (Pl. 3, fig. 6).

L'intérêt de cette inscription réside en ce que Carpentier nous apprend (d'après Rosel, IIIe partie, p. 1069), qu'au nombre des familles issues de la maison de Warfusée, dont un membre nommé Hugues fut châtelain de Selles en 1372, se trouvaient les maisons de Rocourt et de Neufville.

Nous verrons plus loin que le nom de Rocourt se retrouve également dans les souterrains de Selles.

LAW — à la ligne au-dessous M. V. GO 1705 — plus bas MT : I.FC.

Autre inscription : DEN 2 DET; plus bas SEMR.

Outils de brasseurs entrecroisés.

ÉTAGE INFÉRIEUR

On pénètre dans l'étage inférieur des souterrains, étage qui a beaucoup plus d'étendue que le précédent, par le rempart qui s'élève au nord de l'hôpital militaire.

Tout près de l'entrée de la galerie se trouve une poterne au delà de laquelle on peut jeter un pont volant sur l'Escaut.

La clef de voûte du cintre surbaissé est décorée d'un écusson armorié très élégamment sculpté, mais fruste au point de n'y pouvoir guère lire les armoiries de l'écu.

M. Bouly croit avoir retrouvé sur cet écusson mutilé un champ d'azur à l'aigle éployée, sans doute de sable, dit-il. L'écu surmonté d'une couronne lui paraît être celui d'un vicomte ou d'un vidame. Cela nous reporterait-il aux temps où Louis XI fit effacer partout les armes de l'Empire pour y substituer les siennes ?

L'usage du pont paraît avoir été assez fréquent et l'on peut attribuer au désœuvrement des heures de veille des soldats de garde les inscriptions qui se trouvent sous la galerie de la courtine.

La galerie communique à trois chambres prises dans les tours qui sont en saillie de la forteresse. Ces chambres ou cellules sont en tout semblables à celles de l'étage supérieur.

Vers l'extrémité de la galerie, dont la voûte se continue en berceau, on remarque à gauche un couloir très étroit qui communique à une espèce de puits ; plus loin un escalier en grès, d'une montée très raide, dont les girons ont peu de largeur, et pour plafond les marches interrompues d'un escalier supérieur auquel il est assez impossible d'atteindre, cette issue étant bouchée. Par là se faisait la communication entre les deux étages, ainsi qu'on pourra s'en convaincre par l'examen du plan.

GRAND SOUTERRAIN

On peut y noter : A droite de l'escalier, les restes d'un écusson surmonté d'une couronne murale ; au bas deux lignes d'une écriture gothique moyenne à peine lisible : GATIER DE COULONGNE....

Le monogramme du Christ : I — H — S.

Belle inscription gothique de cinq lignes dont quelques mots seuls sont bien nets : ....TOURE... ME TENES..

Date de 1573 avec les lettres C. GI.

A gauche une inscription gothique : O Maten (pour o mater), moins bien conservée que la suivante qui est en fort beaux caractères : O MATER DEY mEMÉTO mEY. (Derrière ce moulage M. V. Delattre avait écrit : voir le Ms n° 852 de la bibl. de Cambrai. — Pierre d'Ailly.) (Pl. 4, fig. 1).

En effet, ce beau manuscrit qui renferme, outre l'*Imago Mundi* de l'illustre cardinal, plusieurs autres de ses ouvrages, porte en tête une miniature représentant Pierre d'Ailly, à genoux devant la Sainte-Vierge, tenant une bandelette avec ces mots : *O mater dei, memento mei*. Près de lui un chapeau de cardinal surmontant un blason aux armes du prélat. Le rapprochement des deux inscriptions serait curieux à étudier, car on sait que telle était la devise des armes du Chapitre.

Faisant face à l'embrasure précédant la première tour : les lettres M G et Y entrelacées. Peut-être un G à la potence. (Pl. 4, fig. 2).

La date 1635 profondément gravée en creux. Vers le fond du corridor, à droite, divers noms ; à gauche, *Martelo* en gothique, petits caractères. (Pl. 4, fig. 3).

Egalement en gothique une très belle prière sur treize lignes, d'une fine écriture très nette :

Amor pour vous mi. . . . .
Adont sans nulle anlt. . . . mep
La vierge fit le saint canticque
De magnificat humblement
Car pour le hault saluement
Rien monstras orgeul ne fierté
O dame de toute bonté
Alas vrai Dieu dont j. . ame
J. . . . ment pe che. . . advenir
Que toi qui es de corps d'ame
Benoite parf. . . toute faveur.
Et le fruit de votre ventre aussi
Daigne. . . . . . . merchi (1)

L'inscription suivante est bien curieuse au point de vue Cambrésien, car il s'agit d'un de ces veilleurs, qui dans l'antique cité faisaient le *guet*, la *wette*, au haut des tours, tant pour prévenir de l'approche de l'ennemi que pour signaler les incendies. L'inscription est reproduite dans sa disposition même : (Pl. 4, fig. 7).

1591
CLAVDE MARTIN
GVETEVR
GALV DE S
MARTIN

Le mot *galu* tire évidemment son origine du mot latin *gallus* (coq), symbole de la vigilance.

En continuant à gauche, en revenant du fond : 1581 PIERRE LELOP ou ELOY, car la lettre L est formée par une grande entaille qui paraît couper une autre lettre plus petite. Les documents nous apprennent qu'un certain *Pierre Leloup* était homme de fief de l'abbaye de Saint-Aubert, en l'année 1439 et qu'il eut à figurer dans quelques évènements cambrésiens. (Pl. 4, fig. 11).

Dans la première embrasure, côté gauche, près de la poterne : curieuse inscription :

es soldas de Dovay

Au-dessous des deux premières lettres d'une écriture plus grande : D O, sans doute DOUAY. (Pl. 4, fig. 4).

(1) Nous trouvons intéressant de rapprocher cette prière d'un cantique du même genre, en l'honneur de l'Annonciation de la Sainte-Vierge, que nous avons retrouvé dans la collection, de documents inédits relatifs à l'histoire de Cambrai de M. V. Delattre :

Chantons je vous en prie,
Par exultation
En l'honneur de Marie,
Pleine de grand renom
Pour tout l'humain lignage
Jetté du Paradis,
Fut transmis un message
A la vierge de prix.
Nommée fut Marie par destination,
De royale lignée par génération.
Or, dicte nous Marie, qui fut le messagér
Qui porta les nouvelles pour le moede sauver,
Ce Gabriel, l'ange qui sans délation,
Dieu envoya sur terre par grande compassion.
Or nous dicte Marie que vous dit Gabriel
Quand vous porta nouvelle du vray Dieu éternel.

PL 4

PL 5

Dans son ouvrage sur les *Souterrains de Cambrai*, au chapitre du château de Selles, M. Bouly, décrivant cette inscription avait cru lire : *Les soldats de Louis*, sans doute, disait-il, les soldats de Maraffin. Nous nous permettrons de faire remarquer que la lettre que nous avons pensé être la première du mot Douai, nous paraît bien être la même que celle du mot DE de l'inscription, ainsi que celle du mot *soldas*.

Au sujet de ce relief intéressant nous pourrions rappeler de suite tout les faits qui provoquent un souvenir douaisien dans les murs du château fort. Mais pour cela même, d'autres occasions s'offriront encore à nous et nous préférons poursuivre l'examen de ce qui se voit de curieux dans ce couloir de l'étage inférieur. Nous rencontrons non loin de là le nom de *Ian de Le Pottes en l'an L...* en caractères du XVIe siècle ; également le mot de *du Boys*. On sait que ces personnages sont connus dans l'histoire de Douai.

En continuant dans le souterrain nous lisons en grands caractères d'environ cinq centimètres de hauteur l'inscription gothique : MARTELO (pl. 4, fig. 6).

Plus loin : deux bas-reliefs : un orant, un calvaire.

Un calvaire avec une inscription gothique fruste.

Une vierge au chapelet, près d'un carré creux, où se voient plusieurs *graffites* et la date 1580. (Pl. 4, fig. 8).

Autre calvaire de forme naïve avec l'inscription JAN · NOX de chaque côté de la tête du christ.

GILLIOT FANON. (Pl. 4, fig. 10).

Diverses inscriptions gothiques à peine lisibles. Nous croyons y voir : JA.. GERARD....NI...DE BRUGAR.

Entre deux bas-reliefs creusés profondément et renfermant des personnages, le sculpteur s'est amusé à prendre le tracé d'une main en suivant les contours et en dessinant chaque doigt.

Une inscription gothique que l'on peut lire soit GILLIOT soit TILLY, et dessous, FANON, en caractères de la même époque, mais plus petits. Vers la droite une sorte de billot avec trois trèfles à peine visibles. (Pl. 4, fig. 5).

HÉRY VERDION 1547 (pl. 4, fig. 9).

IAN LAW avec paraphe gothique très joli ; l'écriture est très nette. (Pl. 4, fig. 12).

IN FINI en lettres gothiques, indiquant vraisemblablement la fin du souterrain. (Pl. 4, fig. 12).

PREMIÈRE TOUR

Cette tour est dénommée par M. Eug. Bouly « la petite salle », et en effet sur le plan il est facile de constater qu'elle a un diamètre moindre que les autres : 2^{m}62.

Sur trois embrasures qui l'éclairaient, une seule reste ouverte du côté de l'ouest. On accède à cette tour par quelques marches. Elle ne renferme que peu de sculptures et peu d'inscriptions, proportionnellement aux autres.

Les principaux moulages sont :

Un calvaire de forme très primitive.

Superbe date : 1469, gothique, fortement gravée en lettres dans la pierre, et dessous une inscription en flamand, sans doute. (Pl. 5, fig. 1).

Autre inscription en très grands caractères. (Pl. 5, fig. 2).

Bas-relief d'un saint personnage au nimbe cruciforme, les paumes relevées ; au coin du bas-relief quatre lettres en cursive : *Cedo*. Ce simple mot est-il placé là comme abréviation de *Credo*, ou bien, au contraire, exprime-t-il une idée de lassitude morale, de désespérance et d'anéantissement? *Cedo*, je cède, j'abandonne la lutte pour l'existence, je me meurs? (Pl. 5, fig. 5).

Nous avons retrouvé çà et là quelques autres pensées du même genre : *Cogitu mory* pour *cogito mori* sans doute. Un prisonnier écrit ailleurs : *mon tour viendra bientôt.*

Une figuration de Sainte-Catherine avec sa roue emblématique. — Remarquons du reste à nouveau que ces bas-reliefs ont très peu de hauteur, 0,15 environ. (Pl. 5, fig. 4).

Dans une petite scène voisine nous pensons reconnaître le martyre de Saint-Quentin : Sur une chaïère gothique est assis un personnage les bras étendus et comme entravés dans les côtés du siège. (Pl. 5, fig. 3).

Un des bas-reliefs, en pierre blanche sculptée, de la collection Victor Delattre, représentait le même épisode du martyre du saint et c'est ce qui nous porte à émettre notre opinion pour ce qui concerne cette effigie très fruste du reste.

DEUXIÈME TOUR

C'est dans cette tour, dont le diamètre est de 3m76, que nous trouvons les sujets, historiquement les plus curieux de tous les souterrains.

Trois scènes méritent de retenir ici l'attention des épigraphistes.

Voici tout d'abord la description de deux motifs qui paraissent se relier l'un à l'autre :

Sous un porche formé par deux tours épaisses et massives, très profondément creusées dans la pierre, figure à genoux un personnage dont la tête est effacée. Ce priant est tourné à dextre. Dans la partie cylindrique de ses tours l'artiste a fortement gravé des meurtrières, comme pour bien indiquer qu'il s'agit d'un château-fort, d'une citadelle ou d'une forteresse. Les créneaux, de facture rudimentaire, sont simulés par des creux de forme ovale, puissamment accentués; ils sont prolongés à dessein dans toute la courbure de la voûte en cintre roman.

Sous ce premier motif se trouve une inscription que nous pensons lire ainsi :

. . . . **en France** . . **Jehan Does** ou **Dons**, *(dominicus)* **de Cambray**. (Voir pl. 6, fig. 2).

Immédiatement au-dessous de ce sujet se trouve gravée en semblable relief la scène du Calvaire. Par les vestiges assez frustes qui restent des sculptures, du Christ en croix et des personnages placés, l'un à droite, l'autre à gauche, on peut se convaincre que primitivement l'artiste dut apporter de grands soins d'exécution dans la réalisation de son idée. Le corps du Christ, dans les parties respectées par ceux qui plus tard détruisirent la tête et les bras, nous paraît avoir été travaillé dans le sentiment des effigies gothiques, au type presque hiératiquement immuable des églises d'Orient.

Des deux personnages placés de chaque côté du Calvaire, la figure de femme, que ce soit la sainte Vierge où sainte Marie-Madeleine, est encore la mieux conservée. Les mains sont jointes; les cheveux dénoués tombent sur les épaules et les plis de la robe sont droits jusqu'au bas du sujet; les pieds restent invisibles. Il n'existe plus que le bas du relief de saint Jean, dont les jambes apparaissent sous le manteau relevé à la ceinture. Une grande balafre en diagonale a mutilé la figure penchée du Christ. Le sommet de la croix, dont les branches sont très fines et très délicates, se loge dans un creux ménagé au milieu de l'inscription qu'il coupe en deux parties égales.

A la gauche de ce creux se trouve gravé un écu en pointe dont le champ a été détérioré, ce qui le rend peu déchiffrable. Toutefois quelques traces qui subsistent permettent de se demander s'il ne portait pas un grand lion hissant à dextre, ainsi

PL. 6

que l'on en retrouve dans les armoiries du Cambrésis (1) ; ou bien encore s'agit-il simplement, comme certains l'ont cru, d'un *pairle*, comme il en existe dans plusieurs armoiries anglaises (2).

L'inscription, très lisible dans la partie droite et dans une portion de gauche, est celle-ci :

XVII : MAY : EN : L'AN : M : CCC VII

Ce qui indiquerait : *17 mai en l'an 13...*

D'autre part, malheureusement, les chiffres complémentaires de cette date intéressante ayant été usés par frottement ou n'ayant été qu'insuffisamment gravés, il serait possible de lire d'une autre façon les signes supplémentaires et de trouver alors : CCCC LX VII (1467).

Nous avons dans notre dessin (pl. 6, fig. 3) reproduit avec scrupule tout ce que fournit le moulage, laissant aux épigraphistes, qui auront la bonne fortune d'étudier sur place cette très curieuse inscription, le soin de donner la solution définitive....

Nous avons dit que ces sujets offraient pour les Cambraisiens le plus grand intérêt. En effet, en se reportant aux dates mémorables et aux souvenirs remarquables de l'histoire du château de Selles, nous ne pouvons oublier le rôle que joua la forteresse pendant la période mouvementée du XIVe siècle : la grande émeute de 1313 sous Pierre de Mirepoix, les troubles qui accompagnèrent la nomination de l'illustre Pierre d'Ailly et les procès qui eurent lieu sous son règne. Puis aussi, nous le disons en note, le fameux siège mis devant Cambrai par Edouard III d'Angleterre, alors que le duc Jean de Normandie défendait la place.

Un autre bas-relief de cette même tour nous rappellera les gouverneurs du vieux fort féodal, ces châtelains énergiques qui eurent à donner tant de preuves de virilité alors qu'ils avaient la garde de cette citadelle importante.

La figure 1 de la planche 6, représente un personnage assis sous une sorte d'ogive. Le sujet central est trop mutilé pour arrêter l'attention, mais l'intérêt se porte de suite sur les inscriptions qui l'accompagnent.

A droite on peut lire *Guillaume de Roucourt de la Clyte* (ou de le Thyse, ou de la Chyle), mais ce dernier mot est extrêmement difficile à déchiffrer. Le mot *Roucourt* a ses trois dernières lettres placées à la ligne inférieure. A gauche, même inscription, mais plus simple : *Guillaume de Roucort;* les deux dernières lettres placées au-dessus. Sous cette inscription, un paraphe dans le goût des anciens chirographes et plus bas des lettres illisibles qui pourraient bien vouloir reproduire la fin de l'inscription de droite, à la suite de laquelle on a ajouté le mot *bone*.

L'initiale du mot que nous lisons *Roucourt* peut se lire de différentes manières et donner ainsi des noms différents : *Faucourt, Vaucourt, Yaucourt.* On ne peut dans un dessin de ce genre exiger malheureusement une correction parfaite des lettres, et l'on ne peut que s'arrêter aux apparences, suivant la méthode préconisée par les maîtres.

Si l'on adopte le nom de *Roucourt*, on trouve dans les traditions du château de Selles de quoi étayer son opinion, car l'ancienne maison de *Warfusée*, de laquelle descend celle de *Roucourt* ou *Rocourt*, donna à la forteresse un châtelain gouverneur du nom de *Hugues de Warfusée*, qui prit pour femme Alix de Saveuse. Jean Le

(1) Parmi les familles du Cambrésis qui portent un *lion hissant à dextre*, nous signalerons : *Walincourt : d'argent au lion de gueules. Ribécourt : de sinople au lion d'or, armé et lampassé de gueules. Haucourt : d'argent semé de billettes de gueules au lion de même. Honnechy : de sable, au lion léopardé d'or. Maurois et Montigny : d'azur au lion d'argent bordure d'or. Sommaing-sur-Ecaillon* (cri : Walincourt) *: d'argent au lion de gueules, bordure engrelée d'azur. Haussy : d'or au lion de gueules. Beauvois : d'azur, au lion d'argent.*

(2) *Pairle*, pièce composée, comme on le sait, de trois cotices mouvantes des deux angles du chef et de la pointe, qui viennent se réunir vers le centre de l'écu en forme d'Y. Menétrier nous indique (édition revue de Lyon : Pierre Bruysset et Ponthus 1770) le *pairle* comme figurant dans les blasons anglais.

De Conighan portait *d'argent au pairle de sable.*

L'archevêque de Cantorbéry portait *d'azur au pairle fiché d'or, chargé de cinq croix pattées, au pied fiché de gueules, accompagné en chef d'une croix pareille d'or.*

Nous hésiterions toutefois à penser, devant ces bas-reliefs, en raison des inscriptions elles-mêmes, au fameux siège de 1339 par Edouard, roi d'Angleterre, pendant lequel le duc Jean de Normandie, fils du roi de France, retranché dans Cambrai, défendait la place avec une armée et la milice des bourgeois. (Au dire de Froissard, les assiégeants anglais étaient au nombre de 40,000; ils ne purent se rendre maîtres de la ville malgré deux assauts furieux, à la porte Saint-Georges et à la porte Robert.)

Voir au surplus ce que dit Jean le Carpentier de *Jehan de Cambrai* (t. III, p. 350).

Carpentier dit que dès l'origine, *Rasse de Warfusée* eut deux fils, Liébert et Hugues, lesquels prirent des armoiries différentes, suivant les seigneuries qu'ils eurent en partage.

« Liébert retint pour ses armes le gonfanon de son père : *de gueules, semé de » fleurs de lys d'argent.* Hugues, son frère, prit pour les siennes *les vaires*, en mémoire » du sieur d'Auwic, son ayeul, et cria (devise et cri de guerre) Dammartin. » (Hist. de Cambrai, partie III, p. 1067 et 1068) (1).

M. Delattre a retrouvé l'une et l'autre de ces armoiries dans les souterrains du château de Selles.

Il est dommage que l'emplacement et le numéro de la tour aient été laissés en blanc sur son manuscrit.

La seigneurie de Roucourt, distante de quelques lieues de Cambrai, fait aujourd'hui partie de l'arrondissement de Douai.

Si l'on adopte le mot *Yaucourt*, il faut se souvenir, avec le même historien de Cambrai, que « Nicolas d'Aumale, sieur d'Haucourt, Rieu, etc., gouverneur, puis chambellan » et conseiller de *Henri Prince de Condé*, épousa Charlotte Gaillard de Longjumeau, » fille de Michel Gaillard, Sr de Chailly de Longjumeau, du Fayet, etc., panetier ordinaire » du Roy et de *Souveraine d'Angoulême,* fille naturelle de Charles d'Orléans, comte » d'Angoulême, père du roi François Ier. De ce mariage sortirent cinq fils et deux » filles. L'un d'eux, Philippe d'Aumale, sieur de Thérigny, premier écuyer du Prince » de Condé, espousa Magdelaine d'Yaucourt. » (Carpentier, hist. de Cambrai, partie III, p. 139.)

Rappelons que la famille *de Neufville,* dont les armoiries se retrouvent dans la tour droite de l'étage supérieur des souterrains (pl. 3, fig. 6), était, comme celle de Roucourt, alliée à la maison de Warfusée (2).

(1) Voir ce nom dans l'*Histoire d'Oisy et de ses seigneurs,* par de Cardevacq. T. XXXVII de la Soc. d'émul. de Cambrai, p. 163-164. — Brassart : *Douai et ses châtelains.* — Abbé Dehaisnes : *invent. des arch. du Nord,* 2, 4, Raucourt en Rételois. — 4866, Guillaume de Recourt. — 1373, maître des requêtes de l'hôtel, « membre du Parlement (de Tournay). — Sceau rond de 18 mill. — Arch. du » Nord, chambre des comptes. — Ecu à trois bandes de vair, dont un chef au lambel chargé de...., » dans un quadrilobe.

Sel-Guilla... de Recourt.
(Sel Guillaume de Recourt)

» Quittance fournie par Guillaume de Recourt à la dame de Cassel, qui l'avait commis sur le fait des dommages éprouvés par les villes de Longueval, Biefvillers et Foncquevillers. — 14 août 1373. » — G. Demay. inv. des sceaux de la Flandre. T. II, p. 2. — Jacques de Récourt, sire de Liègres, chambellan du roi, était châtelain de Lens en 1482. G. Demay, id. p. 78, n° 5547. — Les *de La Cote* furent une famille fort connue à laquelle appartint le fameux sire de Comines, mais on trouve peu d'indications permettant d'inférer que la terre de Raucourt, près Douai, leur ait appartenu. Ni Borel d'Hauterive, ni Moréri ne donnent de renseignements.

Il existe un *Roucourt* en Hainaut dans l'arrondissement d'Avesnes, *4 Raucourt* en Lorraine et Ardennes, *2 Rocourt* dont l'un dans l'Aisne et l'autre dans les Vosges. Les noms de toutes ces localités ne sont en somme que les formes diverses d'un même nom.

(2) Voici la liste des châtelains, gouverneurs du château de Selles, telle que l'histoire permet de la rétablir :

1238. — *Hugues de Marnix (d'azur à la bande d'argent accostée de deux étoiles d'or,* vivait sous l'épiscopat de Godefroi de Fontaines, évêque de Cambrai de 1218 à 1238. Un descendant de cette maison, Jacques de Marnix, devint baron de Pottes en la châtellenie de Lille. Au bas du grand escalier de l'étage inférieur des souterrains du château on lit, non loin de l'inscription : *des soldats de Douai*, le nom d'un *Jean de le Pottes en l'an L.....*, en caractères du XVIe siècle.

1239. — *Wyon de la Fayette (de gueules à trois chevrons d'or à la bordure échiquetée d'argent et d'azur)* ; il criait « Graincourt-Saint-Aubert » (Carpentier, hist. de Cambrai, III p. 553). Gouverneur en 1239, il épousa Guiotte de Saint-Léger dont il eut quatre fils : Huon, Gilles, Mathieu et Guillaume ; son petit-fils Watier de la Fayette devint gouverneur du Cateau-Cambrésis, de Thun-l'Evêque, de la Malmaison en Cambrésis, etc.

1282. — *Simon Goulart (d'azur à la fasce ondée d'argent à trois étoiles d'or, une et deux en chef; à une aigle éployée de même, tournée à dextre, en pointe).* (Carp. III partie, p. 639). Son fils, qui portait le même nom, fut l'un des vingt chanoines libres de la cathédrale de Cambrai (Hist. de Cambrai, 2e partie, p. 469).

Le nom de Goulart se lit plusieurs fois sur les parois de gauche du corridor du grand souterrain vers la deuxième tour ; cette coïncidence n'a de commun avec notre gouverneur que les noms dont l'écriture relativement moderne occupe un assez long espace.

1307. — *Mathieu de Chanteraine portait : d'or à une croix de gueules cantonnée au 1er, au 3me et au 4me de quatre alérions d'azur à chaque canton, et au 2me d'argent à trois têtes de Maures de sable en profil tortillés d'argent.*

Chatelain en 1307, il prit pour femme Iolande Le Fèvre de Bullecourt. Son petit-fils Colard devint bailli de l'église de Cambrai en 1389 (Carpentier, IIIe p. 392).

1333. — *Watier, seigneur de Bouzies (d'azur à une croix d'argent)* fut nommé par l'évêque de Cambrai à la châtellenie de Selles. En 1293 il avait conclu un accord avec les abbés et le couvent de Saint-André du Cateau (Desplanques, archives de la Chambre des Comptes à Lille, p. 56). L'année même de sa nomination il renonça tant en son nom qu'en celui de sa femme « Madame Jehenne Desconflans et messire Loeys leur fils », à la garde du château de Selles à laquelle lui donnait droit le fief de six deniers parisis que l'évêque de

Diverses inscriptions ont été relevées comme figurant non loin de là, et nous terminerons, en les citant, l'examen de cette tour :

Bien eureus ès cheluy
Qui prete au Seigneur
AEMS. RE. P·· 1543

Cambrai lui avait transporté à cet effet. (Manuscrit 639, bibl. de Cambrai.) Cette renonciation était faite en faveur des *Prévots, Eschevins et quatre hommes de la cité de Cambrai* qui rachetaient ladite somme en paiement de laquelle tous les habitants de Cambrai avaient été condamnés par la sentence arbitrale de 1313 rendue à la suite de l'assassinat commis sur la personne de l'official et de cinq serviteurs de l'évêque (voir nos dates remarquables de l'Hist. du château de Selles). Nous avons retrouvé ses armoiries gravées sur les murailles des souterrains. Un de ses descendants fut accusé d'être à la tête de bandes de pillards et fut remis aux mains du gouverneur du château.

1340. — *Jean le Baudain*, premier du nom portait : *d'azur au chevron d'argent accompagné de trois quintes feuilles d'or, au chef d'or, chargé de trois merlettes de sable, mises en fasce.* Fut gouverneur en 1340 et épousa Jeanne, fille de Regnauld, sire de Haucourt en Cambrésis, qui lui succéda dans le gouvernement du château de Selles en 1341.

1341. — *Regnauld de Haucourt*, portait *d'argent, billetté de gueules au lion de même* (Carp. 1re partie, p. 208). Gendre du précédent, lui succéda en 1341.

1354. — *Jakemes Cabus* avait pour armoiries parlantes un *chou Cabu* avec devise : *Tout n'est qu'abus*. Il assista en qualité de témoin à la transaction connue sous le nom d'appointement de Wallerand de Luxembourg, passée entre l'évêque Pierre d'André et les échevins. Cet acte détermine la propriété des deux parties. « Donné à Cambray, au palais de nous évesque dessus dicts le VIII jour du mois d'octobre, l'an de grâce mil CCC LIIII présens, etc..... »

Antérieurement un membre de cette famille, Guillaume Cabus, châtelain, assistait en qualité de témoin à l'acte notarié du 21 mai 1313 par lequel le Prévost et les Echevins de Cambrai reconnaissent qu'ils ont remis entre les mains de Ferry de Pecquigny, représentant de l'évêque de Cambrai, les clefs du château de Selles que les habitants de cette ville avaient occupé quelque temps afin de pouvoir se défendre contre leurs ennemis.

1372. — *Hugues de Warfusée : de gueules semé de fleurs de lys d'argent.* Nous en avons parlé dans le texte, page 17.

1399 à 1402. — *Jehan le Fevre*, seigneur de Lambersart, *qui portait d'or à la fasce de gueules, accompagnée de trois marteaux fabris de sable*, eut de graves démêlés avec la populace de Cambrai qui voulait s'emparer de force du château de Selles dans lequel avait été enfermée Marie du Cavech, accusée de fraude dans le change des monnaies. (Carp. III, p p. 554.)

1410. — *M... Godin.* Cette famille portait *d'azur à la coupe couverte d'or* suivant Le Carpentier, mais nous avons trouvé plusieurs objets sur lesquels les armoiries de cette maison uniformément représentées portent *de sinople à la coupe couverte d'or, accostée de deux étoiles de même.*

L'historien de Cambrai et après lui M. F. Delcroix disent que M... Godin fut châtelain de Selles en 1410. Il est regrettable que Jean Le Carpentier, qui consacre une dizaine de pages à la généalogie de cette maison, ne dise pas un mot de ce châtelain, dont il ne fait mention que dans la liste spéciale et trop restreinte des gouverneurs de la forteresse. (1e p. p. 303.)

1420. — *Aubert de Sorel : de gueules à deux léopards d'argent mis en fasce.* Il est qualifié de chevalier dans le Concordat de paix de Jean de Bourgogne de 1446, où il figure parmi les échevins de Cambrai qui y assistèrent comme témoins.

De cette famille était Philippe de Sorel, grand prévôt de cette ville en 1451.

1440. — *Jean le Baudain V : (d'azur au chevron d'argent accompagné de trois quintes feuilles d'or au chef d'or chargé de trois merlettes de sable mises en fasce.)* Cette famille descend de Foulque le Baudain grand prévôt de Cambrai dès l'an 1120. Elle possédait la seigneurie de Villers affectée aux chambellans de l'évêque de Cambrai, et un autre fief situé à Fontaine relevant de l'église métropolitaine. Le château de Selles appartenant à l'évêque, il est évident que le prélat aura choisi l'un de ses serviteurs les plus dévoués pour le commettre à la garde de cette forteresse.

Jean le Baudain, cinquième du nom, en était gouverneur en 1480 lorsque Cornille de Berghes en prit le commandement au nom de son frère l'évêque Henri de Berghes. (Voir ce que nous disons plus haut de Jean le Baudain 1er.)

1480 à 1502. — *Cornille de Berghes*, chevalier de la Toison d'or, *portait coupé de sinople à trois macles d'argent sur parti à dextre de sable au lion d'argent ; à sénestre d'or à trois pals de gueules.* — Il était gouverneur du château au nom du roi Maximilien Ier, au moment de la mort de son frère Henri de Berghes, évêque de Cambrai en 1502. Cet événement le fit se démettre de son office, suivant la loi de cette ville qui ordonne de procéder au renouvellement du magistrat en pareille circonstance.

L'historien Dupont fait erreur en disant que Cornille ne se démit qu'en 1504 ; à cette époque, le titulaire était Jehan Wegle, nommé en 1502. (Dupont hist. de Cambrai, Ve partie, p. 30)

En 1480, à l'avènement de Henri de Berghes, évêque de Cambrai, Cornille vint à la tête « *des blanc vêtus d'Anvers* » tenir garnison au château de Selles. (Man. n° 6, collection V. Delattre, f° 122.)

Il ne perdit pas de temps, car la même année « ce *Capitaine de la Cité* fit abattre les faubourgs » d'entour, la cité, les arbres, les jardins, l'abbaye et l'hôpital de St-Ladre. Aussi le béguinage de » Cantimpré et les portes et les tours qui étaient trop hautes les fit rabaisser pour mieux se garder. »

Il existe un jeton de cuivre portant au droit les armes de l'évêque Henri de Berghes et au revers celles de Cornille son frère.

Plus tard, un autre membre de cette famille eut encore des pouvoirs plus étendus ; Jean de Berghes devint gouverneur de la province du Hainaut à Valenciennes, pour chef-lieu et du Cambrésis. Il mourut le 22 mai 1567. (Son portrait existait dans la collection cambrésienne V. Delattre.)

1502. — *Jehan Wegle*, nommé le 13 octobre 1502, au renouvellement du magistrat par le chapitre, le siège vacant, par suite de la mort de l'évêque Henri de Berghes.

Nous avons vainement cherché son nom parmi les familles du pays.

Nous supposons même qu'il y a eu erreur de nom et qu'on aura voulu mettre celui de Wingles, si connu dans notre histoire. Un *Jehan de Wingles* figure en effet dans le titre précité parmi les échevins qui prêtèrent serment de fidélité le jour de leur installation.

1519. — *Eustache d'Esnes (d'argent à dix losanges de sable)* criait : « *Croisilles.* »

Guillaume de Croy, ayant été nommé archevêque de Tolède, puis cardinal sous le titre de Sainte-Marie in aquirio, laisse le siège vacant jusqu'à la nomination de son frère Robert à l'évêché de Cambrai. Le chapitre renouvela le magistrat et le 15 décembre 1519 le châtelain prêta serment de fidélité : « Coram dominis comparuit Eustachius d'Esne, castellanus castri de Selles, qui illud sub manibus capituli fideliter custodire juravit. » (Mémoire pour l'archevêque.)

On sait que la citadelle érigée par Charles-Quint sur le Mont-des-Bœufs en 1543, remplaça le vieux fort de Selles, qui se trouva ne plus avoir la même importance dans la cité. On ne parle plus dès lors de ses gouverneurs.

Une autre :

Le XXVI de Janvier
Fut Jehan du buys prisonnyé
1548

Plus bas encore :

Bien est cheluy. . . .

Un souvenir de départ :

Cy est escrit
Soutdar Duquess. . . estoit prisonnier en Càbray en la tourre de Selles
party le XVI j de nove 1585

Dans l'embrasure de la meurtrière se trouve un calvaire très curieux, d'un sentiment fortement original. Le corps de N.-S. J.-C. pend à la croix dans une attitude d'affaissement. Deux personnages ont appliqué une échelle contre le bois du supplice et celui d'entre eux qui monte soit pour frapper les clous, soit pour détacher le corps est coiffé d'une énorme cagoule comme en portaient les pénitents de l'époque.

A gauche : un saint bénissant. La scène paraissant se passer dans un jardin, on peut croire également qu'il s'agit de l'apparition à Marie-Madeleine après la résurrection.

Du même côté un très joli petit bas-relief de la Vierge-Mère assise sous une arcade en forme d'ogive.

Divers *graffites* à peine déchiffrables sont encore dans cette tour. Nous avons cru lire THUILIER en caractères du XVIe siècle assez petits. Le reste ne se prête pas à la lecture.

Voir ce que nous en avons dessiné à la planche 5, fig. 6, 7, 8.

Certaines inscriptions, certaines figurations et certains signes retrouvés dans les souterrains du château, les fleurs de lys pendues aux potences, par exemple, que nous reproduisons sur la planche 7, font que l'on s'intéresse, à leur occasion, à la marche de l'influence française dans nos régions. Il est évident que les hommes d'armes pendant les longues heures du guet et de la veillée ; les prisonniers et les reclus pendant les jours sans fin de leur captivité ont retracé naïvement sur la pierre les impressions de leurs contemporains. . . . .

Les historiens s'accordent à reconnaître que le premier évêque comte de Cambrai qui fit acte politique en faveur de la France fut Guillaume d'Auxonne. Lors de la guerre qui s'éleva entre Edouard III, roi d'Angleterre, et le roi de France, Philippe de Valois (1339), l'évêque prit le parti de la France, et ce fut Jean de Normandie, fils du roi, qui dirigea lui-même la défense de la place, violemment attaquée.

Depuis longtemps toutefois, disons même depuis toujours, et afin de détruire le mauvais effet de la domination allemande dans une ville d'origine et d'aspirations toutes françaises, les évêques comtes, préférant conquérir l'amour de leurs sujets plutôt que de gouverner en despotes, furent amenés à confier à un Français l'administration de leur ville épiscopale.

Egalement cela explique pourquoi le châtelain de Cambrai eut pour sujets directs ceux des habitants qui n'étaient pas nés « au royaume d'Allemagne », mais ceux qui avaient pris naissance en Ostrevant ou en Picardie, car ils pouvaient être moins respectueux encore que les citoyens de Cambrai vis-à-vis d'un prince de l'empire. On jugea préférable de leur donner pour maître un Français comme eux (1).

(1) C. f. Brassart : Les droits de l'ancien châtelain de Cambrai.

PL. 7

PL. 7
PL. 8
ROMA CAPVT MVNDI
S P Q R
Fig. 1
Fig. 2
Fig. 3
Fig. 4

D'autre part, si nous jetons les yeux autour de la ville impériale nous constatons que l'inexécution du traité de Melun et le mécontentement des barons et des communes contre le comte Guy de Dampierre fournirent à Philippe le Bel l'occasion de faire sentir en Flandre d'une manière plus efficace l'action du pouvoir royal. A cette époque un parti français se forma non seulement dans la Flandre wallonne, mais même dans la Flandre flamingante, où il fut désigné sous le nom de *Leliaerts* ou « partisans des lis ». Mais les ordonnances de Philippe le Bel sur les monnaies, les impôts arbitraires qu'il voulut établir, la dureté des officiers que, dès 1294, il s'arrogea le droit d'envoyer dans les *cinq bonnes villes*, l'injuste détention du comte et de sa fille, et enfin les moyens violents et perfides qu'il employa trop souvent, amenèrent la formation d'un parti flamand non moins ardent que le parti français.

Ainsi à Douai, de 1296 à 1312, il y eut deux échevinages, toujours en lutte, l'un favorable au roi et l'autre tenant pour le comte (1).

Suivant l'expression de *Balderic*, les châtelains de Cambrai représentaient l'élément français, ils étaient *Karliens*, c'est-à-dire sujets de l'ancien royaume de Charles le Chauve, par opposition aux *Lorrains*, sujets de l'ancien royaume de Lothaire, tandis que l'évêque-comte était prince germain, vassal de l'empire et le plus souvent antérieurement à sa nomination chapelain d'origine allemande (2).

Si l'évêque voyait respecter partout son pouvoir spirituel, il en fut très souvent différemment de son pouvoir temporel. L'histoire locale est remplie des luttes de ses puissants voisins : comtes de Hainaut, d'Ostrevant, de Vermandois, qui s'agrandissent à ses dépens ; il doit subir le protectorat du comte de Flandre, qui, maître de Douai et d'Arras, reçut, dès l'an 1107, en fief de l'empereur, l'Avouerie, de Cambrai.

Enfin le châtelain de Cambrai lui-même, son vassal, porta un coup terrible à son pouvoir. En tant que sire et baron d'Oisy, un tiers environ de l'ancien comté de Cambrai et de Cambrésis, que ce seigneur tenait en fief de l'évêque, fut distrait du domaine épiscopal et incorporé dans le comté d'Artois.

Ceci nous éclaire sur les progrès de l'influence française à Cambrai et sur les luttes que les deux courants ne manquèrent pas de provoquer (3).

Nous avons brièvement expliqué plus haut (p. 5) de quelle façon le « chastellenage » de Cambrai, primitivement en la possession des seigneurs d'Oisy, de Crèvecœur, de Coucy, des comtes de Flandre, finit par échoir à la couronne de France. Peu s'en fallut, comme le remarque M. Brassart, que l'héritier présomptif de la couronne de France ne reçût le titre de vicomte de Cambrai au lieu de celui de dauphin.

A l'avènement de Louis XI, la garnison bourguignonne du château de Selles, qui avait connu très vraisemblablement l'existence mouvementée du dauphin avant son élévation au trône, accueillit par des lazzis, à sa manière, la nouvelle venue de France.

L'inscription : *plus deul que joie*, retrouvée par M. Delattre, en 1875, paraît bien une épigramme naïve en rapport avec le goût de l'époque. Vraisemblablement peu agréable à plusieurs, elle était cachée, tout à fait dissimulée sous les replâtrages et quelques traits seuls subsistaient. Dans une lettre à M. Le Blant, à ce sujet, M. Delattre explique qu'il dut faire de longs efforts avec son modeleur pour découvrir sous les briques et le mortier durci cette innocente satire, que l'on avait enduite d'un fort badigeon de couleur noire.

(1) C. f. abbé Dehaisnes : *La domination française à Douai et dans la Flandre wallonne, depuis les origines jusqu'en 1667.* — Ed. Leglay : *Histoire des comtes de Flandre.*

(2) Brassart, op. cit. p. 14.

(3) M. Robert ajoute même que souvent les chanoines se firent les champions de l'idée française, notamment en faveur des bourgeois, jusque dans l'entourage de l'évêque. Ce fait éclairera les historiens qui voudront pénétrer plus tard dans le secret de notre vie communale si tourmentée au moyen âge.

Peut-être cependant conviendrait-il de faire observer que nous trouvons ces mots *plus deul que joie* parmi les cris de guerre, les devises d'armes des seigneurs bourguignons; cela atténuerait la causticité malicieuse que l'on attribue volontiers de prime abord à cette petite inscription.

Des fragments héraldiques l'accordent aux *Bauffremont de Charny* en Bourgogne, mais nous ne trouvons cela confirmé ni dans Ménetrier ni dans la Colombière.

Carpentier, au sujet de cette famille illustre, dit que dès l'an 1350 ses membres contractèrent alliance en nos pays après y avoir rempli des fonctions notables comme maistres de camps, gouverneurs de la ville de Lens, capitaines, etc. Liébert de Bauffremont, seigneur de Fontaine en Cambrésis, épousa Catherine de Saveuse (voir la note sur les chatelains, gouverneurs du château de Selles, p. 18).

Au temps de Philippe le Bon et par conséquent à l'époque qui nous occupe, les Bauffremont étaient en tel honneur en Bourgogne que Pierre de ce nom, seigneur de Charny et du Molinel reçut l'ordre de la Toison d'or et épousa à Bruxelles, en 1448, *Marguerite de Bourgogne*, fille naturelle du duc.

(Les Bauffremont portaient : *vairés d'or et d'azur à la bordure de gueules.*)

Si nous avons cru devoir entrer dans ces détails, c'est afin de rester, autant que possible, dans la vérité historique.

Dans le chapitre spécial consacré en tête de cette notice aux dates remarquables de l'histoire du château de Selles, nous avons dit en quelques mots quels furent les résultats de l'occupation de Cambrai par Louis XI et les exactions que commirent ses lieutenants Maraffin et de Ludes.

Ajoutons ici que le roi se conduisit dans la cité épiscopale non pas en vicomte mais en souverain. Seule la bizarrerie de caractère de ce prince provoqua à un moment donné des scrupules qui lui firent rendre spontanément à Cambrai ses privilèges de ville impériale et neutre.

Mais en sortant de Cambrai il ne manqua pas de rappeler que la vicomté lui appartenait; dans un de ces discours, moitié sérieux, moitié badins, comme il les aimait, et qu'il adressa au magistrat afin qu'on pût rétablir les armes de l'Empire qu'il avait fait effacer pour y substituer celles de France, il conclut ainsi : « *Nous sommes viconte de votre cité et voulons garder notre juridiction et le droit que nous y avons* (1).

Le procès entre la couronne et les héritiers de la branche bâtarde de Bourgogne étant toujours resté en suspens, il fut continuellement fait des réserves au sujet de la vicomté de Cambrai, dans les nombreux traités conclus entre la France et la maison d'Autriche.

Quant aux divers événements qui se déroulèrent dans la forteresse de Selles pendant ce temps, pour ne pas faire de redite, nous renvoyons le lecteur au sommaire que nous avons précédemment dressé.

M. Fidèle Delcroix a reproduit de très intéressants détails sur le coup de main qui, donnant du renfort à la garnison bourguignonne, permit à de Fouquesolles de rester seul maître du château dont il devait cependant, en vertu de conventions, partager la garde avec un détachement français.

Comme nous le disions en décrivant les souvenirs laissés dans les souterrains par *les soldas de Douay*, il est probable que nous rencontrons là, dans ces quelques

(1) Dans l'*Annuaire de la Société française de numismatique*, mélanges et correspondances,— Année 1874, M. de Saulcy publie les lettres datées de Cambrai, 30 mai 1477 (ord. T. XVIII, p. 265), par lesquelles le roi Louis XI, afin de subvenir au payement des gens de guerre qu'il faisait venir de Suisse, ordonna aux généraux-maîtres des monnaies de faire frapper des gros aux armes de France, avec la « certaine quantité de vaisselle d'argent venue et issue des compositions des villes d'Arras et de Cambray ». Ces gros étaient de la valeur de 12 sols 10 deniers tournois la pièce.

C. F. Brassart, op. cit.

lignes, après de longs siècles, le témoignage de cette perfide trahison d'un gouverneur peu soucieux de la foi jurée...

Lorsque dans les temps modernes Charles-Quint se trouva à son tour en présence de ces Cambrésiens qu'il accusait « d'avoir une fleur de lys dans le ventre », il exigea d'abord la remise des clefs du château de Selles avant de commencer l'édification de la nouvelle citadelle qu'il voulait établir sur les ruines de l'antique abbaye de Saint-Géry, aux frais des bourgeois, aux dépens du Cambrésis et au mépris des serments prêtés.

Cette intrusion de la part du puissant empereur dans les affaires de la ville neutre qu'il devait respecter compliquait encore la situation, tout en affaiblissant singulièrement l'autorité temporelle de l'évêque-comte de Cambrai. Disons même qu'elle la supprimait tout à fait en constituant un abus de pouvoir.

Nous allons rencontrer, dans la troisième et dernière tour, les traces de cette époque où l'influence française paraît reculer de plus en plus, non seulement dans Cambrai même, mais encore dans toute la région voisine. En effet, on sait de quelle façon François Ier, par les traités de Cambrai en 1529 et de Crépy en 1544, abandonna ses droits de souveraineté sur une contrée française de cœur et d'aspirations depuis tant de siècles.

TROISIÈME TOUR

A droite nous remarquons de suite l'inscription : *Roma caput mundi* dont il a déjà été question.

Un chevalier coiffé d'un casque surmonté de la fleur de lys, personnification de la France, s'avance vers une tour crénelée près de laquelle se trouve un grand écu portant les quatre lettres, devise du Saint-Empire : S. P. Q. R. (Pl. 8, fig. 1).

Nous n'avons pas à nous arrêter longuement à ce témoignage frappant et bien conforme aux données de l'histoire. Il est curieux de le trouver tracé en rébus dans les sombres salles du château-fort (1).

L'écusson et la tour sont légèrement plus gros dans la réalité que sur notre dessin.

Plus loin sont les *armes de Pierre d'Ailly* (Pl. 8, fig. 3) surmontées de deux

(1) Au bas de l'une des 70 chartes relatives à l'église métropolitaine de Cambrai retrouvées en 1856 par M. Victor Delattre, et reposant actuellement aux archives départementales du Nord, se trouvait une bulle d'or ronde de 45 millimètres. C'était la sentence d'abolition de la commune de Cambrai, confirmative des privilèges, par Henri VII, roi des Romains en 1226, de l'évêque contre les habitants. Le roi est assis sur une chaière à colonnes, à pieds pommetés ; la couronne et trois fleurons, ornée de deux pendants qui se terminent en fleurs de lys, manteau, tunique à larges manches ornées d'orfroi ; sceptre à fleuron surmonté d'une croix, comme le monde qu'il porte dans sa main gauche. Champ fretté.

On y lit : + HEINRIC . DI . GRA . ROMANOR . REX . ET . SENP . AUGVST.

(Heinricus, Dei gratia, Romanorum rex et semper Augustus. Au revers : monument emblématique de la ville de Rome avec les mots AUREA ROMA (Aurea Roma).

+ ROMA CAPUD MUNDI REGIT ORBIS FRENA ROTUNDI.

(Roma capud mundi regit orbis frena rotundi.)

Deux autres bulles d'or se trouvent également aux archives du Nord émanant de Frédéric II père d'Henri VII. Elles sont appendues à des chartes de 1215 et 1219, et toutes deux portent semblablement au revers cette inscription quelque peu hautaine : *Roma caput mundi regit orbis frena rotundi.* L'une est la confirmation de la loi de Cambrai — Haguenau 26 septembre 1215 ; l'autre est l'investiture de Godefroi, évêque élu de Cambrai — Nuremberg 29 octobre 1219.

Pareillement on trouve ces mots sur la bulle d'or de la charte de Charles IV de Bohême 1377, confirmant les privilèges et les droits de juridiction du chapitre de Cambrai.

clefs en sautoir qui servent de soubassement à une croix. Cet ensemble mesure 0,35 centimètres de hauteur sur 0,25 de largeur.

Nous regrettons que le dessin n'ait pu donner davantage la sensation du creusement profond de la pierre tout autour de la croix. De même il n'a pas été possible de reproduire près de ce relief une petite inscription gothique qui se trouve à la planche 9 et où l'on peut lire avec peine parmi quelques *graffites* qui restent déchiffrables le nom de *Théodoric presbyter*, avec une abréviation pour ce dernier mot.

Rapprochons ces données de ce que nous savons par l'histoire ecclésiastique de l'esprit apostolique et ferme de Pierre d'Ailly, et nous nous trouverons peut-être en présence d'une inscription contemporaine de cet illustre prélat, qui voulut toujours être appelé le *cardinal de Cambrai.*

Au sommet gauche et sur le côté de deux écussons fort bien conservés nous lisons le mot : *Beaucamp*, en gothique courante. D'autres noms ont été gravés à la même époque au-dessus de ces écussons, mais l'usure de la pierre ne permet pas de se prononcer avec quelque certitude. Ces écussons paraissent : l'un, les armoiries parlantes d'un corps de métier, car dans le champ de l'écu se trouvent des ciseaux de tisserand ; l'autre peu héraldique porte une sorte de croix papale à trois branches entourée de fleurs au naturel. Ce dernier écu en pointe paraît reposer sur une surface carrée ornementée. L'artiste a apporté beaucoup de soin dans la décoration, qui forme de chaque côté de la pièce centrale le fond du bas-relief. Le mot que nous signalons est posé au bord d'un dessin qui paraît le commencement d'un cintre surbaissé à triple moulure, formant sans doute l'encadrement d'un sujet à faire ou d'un sujet disparu, effacé. (Pl. 9, fig. 1.)

Autre écu dont les armoiries semblent parlantes : Nous croyons y voir un serpent enroulé en forme de caducée, accosté, aux cantons dextres, de deux fruits ou tierces feuilles. (Pl. 9, fig. 8.)

Autre écu portant des *herses* ou *coulisses*, ce qui serait de Vieille-Maison ou des *vairs* (voir ce que nous disons des Warfusée p. 18). (Pl. 9, fig. 2.)

Une inscription gothique assez courte et illisible.

COTÉ GAUCHE

Jolie composition héraldique reproduite, planche 9, fig. 4.

Des souliers à la poulaine forment encadrement d'un écusson formé d'un cœur percé de deux flèches et surmonté d'une couronne fleurdelisée. — Cette figure pourrait symboliser une *dame des pensées* aimée de la tête aux pieds par quelque grand seigneur portant couronne et souliers à la poulaine.

Le style des fleurs de lys paraît être du XIVe ou du XVe siècle. On sait qu'à cette époque les *poulaines*, que l'on connaissait déjà au XIe siècle, étaient surtout portées par la noblesse. Il y eut aussi à Venise l'ordre de la *Calza* ou de la chausse qui avait pour insigne une botte brodée.

Plus loin on voit une figure d'*Ecce Homo* d'un travail grossier et bien altérée par le temps.

Au fond de la tour, à gauche, notons une petite croix accostée de trois lignes de fine gothique malheureusement trop effacées, et par le fait indéchiffrable. (Pl. 9, fig. 6).

Dans un triple écusson, une enclume et un marteau, emblèmes de l'association ouvrière dont faisait sans doute partie le prisonnier dont le nom PIPAIRE se lit au sommet de l'écu médian. (Pl. 9, fig. 3.)

Très joli calvaire d'un archaïsme incontestable. L'extrémité des bras de la croix va en s'évasant. A droite, un ange vient assister le Sauveur dans sa dernière agonie et trois animaux symboles du vice sont comme écrasés par le bois de la passion (XVe s.) (Pl. 8, fig. 4.)

PL. 9

Pl. 10

fig 1

fig 2

fig 3

Un cœur percé et couronné : au-dessous, inscription moyen âge illisible. (Pl. 9, fig. 7.)

Château-fort flanqué de deux tours crénelées ; les deux extrémités du toit sont surmontées d'une croix. Cette figure, tracée grossièrement avec un couteau ou un clou, mesure 0,25 centimètres sur 0,20 ; elle représente peut être la porte d'entrée de la forteresse ? Vraisemblablement ce travail est de la même main que le *Roma caput mundi*.

Quatre morts accouplés, surmontés de deux écus mutilés.

Dans une niche est un saint personnage gravé en relief ; la dimension et la facture du travail rappellent beaucoup les bas-reliefs de la tour droite de l'étage supérieur. A droite, écusson effacé, surmonté d'un nom illisible.

Château-fort du même genre que celui décrit quelques lignes plus haut ; le bâtiment, plus petit, est surmonté d'un étendard ; la tour droite, plus massive, est ronde au sommet, l'autre va en s'évasant.

Deux écus sont représentés (pl. 9, fig. 9) ; celui de gauche porte deux gantelets et rappelle une clef de voûte en grès piqué qui faisait partie de la collection cambrésienne Victor Delattre avec la date : 1557.

Les armoiries parlantes de cette pierre étaient celles de la famille *de Gand*. Sur l'écu de droite nous voyons deux épées en sautoir surmontées de trois croissants en cœur ou fers à cheval, et accostés de deux autres. S. Bonnet de Toiras, maréchal de France, portait d'argent à trois fers à cheval troués d'or.

Sur une pierre de 0,32 centimètres sur 0,24, relevons un bel ensemble de sculptures archaïques : à droite, un personnage vêtu d'une robe porte une croix à la main ; il est monté sur une sorte de cheval qui foule aux pieds un poisson (peut-être le *Dauphin ?*) A gauche, un calvaire au pied duquel se trouvent un ange et la Vierge-Mère portant l'enfant Jésus ; en dessous, trois animaux dont un chien. Au milieu du groupe, un saint dans une niche. Ces animaux, placés au bas des tableaux de piété, ont bien le cachet des œuvres du xve siècle.

M. V. Delattre, possédait plusieurs bas-reliefs en marbre blanc qui avaient les mêmes caractères, et qui sont pour ainsi dire la signature de l'époque.

Cet ensemble figure sous le n° 2 à la planche 8.

Nous avons passé en revue les plus notables souvenirs laissés sur les pierres des souterrains du château de Selles et l'on pourrait s'étonner que nous n'ayons signalé aucun document provenant de ces reclus pour cause d'hérésie que les historiens nous disent y avoir été renfermés lors des troubles de 1567 et surtout en 1578 et 1579.

Nous n'en avons pas trouvé qui fussent suffisamment positifs pour être désignés, à moins que l'on ne veuille attribuer aux détenus de cette catégorie les bas-reliefs religieux et les inscriptions de piété que nous avons décrits à leur place. Les annales locales fournissent trop peu de détails à ce sujet et l'on sera obligé de recourir à l'histoire générale de notre contrée, si l'on veut trouver plus tard quelque indice sur ce point.

Dans son *Cameracum christianum* (introd. p. 50), le savant D^{r} Le Glay rapporte comment nos pays se trouvaient alors traverser, une véritable crise au point de vue religieux et social. Il explique comment les Flamands, qui aimaient et honoraient en Charles-Quint un prince né et élevé au milieu d'eux, ne virent en Philippe II, son fils, qu'un dominateur étranger à leurs mœurs, à leur langage, un ennemi de leurs antiques franchises. « Les sectaires, mécontents religieux, firent, dit-il, alliance avec les mécontents politiques. Ainsi naquirent ces troubles funestes qui enlevèrent à la monarchie espagnole et détachèrent de la foi catholique tout le nord des Pays-Bas. »

Il faudra constater, répétons-le, deux influences contraires se manifestant à cette époque dans nos régions de la Flandre, du Cambrésis, du Hainaut et de l'Artois. L'établissement de l'inquisition espagnole, l'imposition de taxes non consenties par les Etats, l'introduction et le maintien de garnisons étrangères dans les places fortes, et plus tard la tyrannique administration du duc d'Albe provoquèrent les plus violents mécontentements.

D'un autre côté, profondément catholiques, les populations méridionales des Pays-Bas répugnaient à s'unir aux calvinistes de Hollande, et l'on se souvient qu'en 1575 les villes d'Arras, de Saint-Omer, de Béthune, d'Aire, de Douai, de Lille, de Valenciennes et de Mons firent entre elles un *acte d'union*, dans lequel, après avoir donné des preuves de leur dévouement au roi, elles exprimèrent le vœu qu'une députation fût envoyée à Rome pour faire au Saint-Siège aveu et protestation de fidélité à la foi catholique. (*Recueil des résolutions prises par les Etats d'Artois, de Flandre*, etc., titre Pays-Bas).

A la mort de don Luis de Requesens et par suite des excès commis par les troupes espagnoles sans soldes et sans chef, il y eut bien entre toutes les provinces, tant du Nord que du Midi, la fameuse *pacification de Gand*, mais avec la défense expresse pour la Hollande « d'attenter quelque chose contre la religion catholique romaine et l'exercice d'icelle » (1).

Vint ensuite la domination du prince d'Orange, qui se rendit bientôt dans nos pays plus odieux que les Espagnols eux-mêmes, et par les impôts permanents qu'il voulut établir et par son ardeur à répandre le calvinisme et par les ravages et les excès que commirent un certain nombre de ses partisans.

Il y eut alors de sanglantes émeutes suscitées par ses affidés à Valenciennes, à Arras, à Douai et dans les villes voisines en 1578 et 1579. Ces excès ouvrirent les yeux à tous sur ses tendances et ses projets (2).

La France, malheureusement, ne sut pas prendre position et utiliser ce qu'il y avait de vrai dans le sentiment de nos provinces.

Comme l'a fait remarquer avec infiniment de justesse un historien de la plus haute valeur (3), le duc d'Alençon, appelé en 1578 par les villes de la Flandre flamingante, fut faible et indécis au milieu de circonstances où il aurait dû montrer davantage de perspicacité.

Il déclara qu'il ne réunirait jamais les Pays-Bas à la France, s'entoura de calvinistes, fit alliance avec Guillaume d'Orange, demanda la main d'Elisabeth d'Angleterre, et tandis qu'il se livrait à la débauche avec ses *mignons*, il laissait ravager le pays par ses soldats et par ses alliés.

Nous n'avons pas besoin de redire ici ce que fut pour Cambrai le règne de Balagny, qui exerçait dans nos murs l'autorité au nom du duc d'Alençon et dont le règne ne fut qu'une longue tyrannie.

Lorsque les Flandres se réconcilièrent avec le duc de Parme, notre ville n'hésita point à se rallier à la cause espagnole, et elle ouvrit ses portes, en 1595, au duc de Fuentès, qui stipulait au nom de Philippe II, roi d'Espagne.

Nous ne serions point complet si nous n'ajoutions que nul mouvement ne voulut

(1) *Recueil des lettres, actes et pièces plus signalés du progrès et besongne faict en la ville d'Arras et ailleurs, pour parvenir à une bonne paix et réconciliation avec Sa Majesté catholique, par les Estatz d'Artois et de utez d'aultres provinces,* imprimé à Douai 1579.

(2) Archives de Douai. — Lebon, *la Flandre wallonne au XVIe siècle*. — Kervyn de Lettenhove, Histoire de Flandre, T. VI, p. 312. — Filon, *Histoire des Etats d'Artois*, Paris 1861, *passim* cités par l'abbé Dehaisnes. *La domination française à Douai* et *dans la Flandre wallonne*, Douai 1868, p. 14.

(3) L'abbé Dehaisnes, *op. cit.*

seconder dans nos régions l'idée qu'eurent un instant les villes de la Flandre flamingante d'offrir le pouvoir soit à Henri III, soit à Elisabeth, et nous nous résumerons en disant que la plupart de ceux qui ont parlé de la domination espagnole dans les Pays-Bas à la fin du XVIe siècle n'ont pas assez tenu compte de l'attachement que les populations de l'Artois, du Cambrésis, du Hainaut et de la Flandre wallonne avaient pour le catholicisme (1).

Un dernier souvenir de cette époque relatif au château de Selles sera celui de la trahison de Bouchain en 1580, qui amena dans les sombres murailles du fort les plus nobles *gens de Douay* indignement saisis et livrés par félonie.

Les chroniques rapportent fort au long ce fait, qui eut lieu alors que la ville de Bouchain était au pouvoir des *rebelles et des patriotes, lesquels firent des actions pleines de trahison, de perfidies et de cruautés, voulant et tâchant de faire perdre la foy catholique, apostolique et romaine et la fidélité due à Sa Majesté Catholique* (2).

Attirés jusque dans Bouchain par un traître que l'on avait envoyé vers eux à Douai, les gentilshommes et les bourgeois, au nombre de cent, étaient partis sans défiance sous la conduite de M. de Bugnicourt, du baron de Selles, « portant la grande croix d'Espagne », et de M. de Hertain, alors gouverneur de la ville.

A peine les portes de Bouchain furent-elles refermées sur eux, qu'ils furent cernés, alors que l'on massacrait sans pitié ceux de leurs compagnons restés au dehors.

Cette trahison étant combinée avec *ceux de Cambray* (des soudards de la garnison sans doute), on conduisit les prisonniers au fort de Selles ; « on leur adjoignit beaucoup de gens de village et depuis mis à rançon. »

Les prisonniers furent au nombre de 414.

Les Seigneurs étaient : *M. de Selles, M. de Hertain, M. de Cuvillers, M. de Buguicourt.*

« Parmi ceux dont les noms sont les plus connus comme appartenant à diverses familles de Douay, on peut citer : *Jean Lallart, Michel Bocquet, Georges le Doulx, Me Pierre Remy, Antoine d'Oby, Jacques Plouvain, Pierre Devred, Jean Le Josne, Rolland Lanvin, Andrieux de Wailly, Simon Le Vasseur, Antoine Le Fort, Charles Leroy, Grégoire Simon, Charles Beaucamps, Pierre Coppin, Jacques Lebrun, Claude Landas, Guillaume de Cambray, Piat Le Grand, Eustasse Denetière, Robert, Dumont, Bon Lenglez, Abel Lesage, Augustin Bury, Jean Dobignies, Jean Fourmestraux, Jean Savari, Claude Blervacque, Hercule Merlin, Michel Martin, Guillaume Pronié.* »

Dans le seul village de Sin, vingt-six habitants furent ramenés prisonniers à Cambray et ensuite mis à rançon. Il en fut de même de plusieurs villages d'alentour. »

Les annales militaires ne fournissent plus guère de fait saillant avant le commencement du XVIIIe siècle.

Au commencement du mois de juillet de l'an 1711, les Français prirent le fort d'Arleux. Les soldats hollandais qui y tenaient garnison, après avoir soutenu l'assaut avec vigueur, furent obligés de se rendre à discrétion.

Les Français les dépouillèrent complètement de tout vêtement, en représaille de ce que les Hollandais leur avaient fait jadis le même affront et les amenèrent dans la ville au commandant. Puis ensuite ils furent enfermés au château de Selles. Aussitôt, disent les *Mémoires chronologiques*, M. de Fénelon et *les Etats* leur fournirent des habits pour se couvrir.

Les Etats de Hollande en écrivirent une lettre de remerciements aux *Etats de Cambrésis.*

(1) Filon. *Histoire des Etats d'Artois.* Exposé fort consciencieux de la situation de nos pays au XVIe siècle. — C. F. Dehaisnes, op. cit. p. 15.

(2) D'Outreman. *Liv. II, chap. 17, page 533.* Petit. *Histoire de Bouchain. Chroniques de Douai.*

Dans la *Correspondance des Etats du Cambrésis* pour les années 1711, 1712, 1713, conservée au dépôt des Archives départementales du Nord, il y a un certain nombre de lettres des Etats de Hollande relatives à des plaintes concernant le pillage et les excès commis par les troupes des alliés. Mais contrairement à ce que l'on pouvait espérer, dans aucun passage il n'est parlé des prisonniers du château de Selles.

On ne trouve rien également sur le sujet qui nous intéresse dans l'*Inventaire des Archives de l'Archevêché et du Chapitre de Cambrai* qui se trouve au même dépôt.

Il est à constater que l'on remarque dans les souterrains de Selles beaucoup de dates de cette dernière époque. . . . .

Avec le XVIIIe siècle finissent les notes recueillies par M. V. Delattre sur le château de Selles, notes que nous avons cru devoir publier avant la disparition de notre vieux fort féodal.

www.ingramcontent.com/pod-product-compliance
Lightning Source LLC
LaVergne TN
LVHW050433160826
845677LV00002BA/682

* 9 7 8 2 3 2 9 6 8 4 7 2 7 *